Alexander Strauch

Zurück zur ersten Liebe

Gedanken zum Sendschreiben an Ephesus

Alexander Strauch

Zurück zur ersten Liebe

Gedanken
zum Sendschreiben
an Ephesus

Impressum
Bibelzitate nach der revidierten Elberfelder Übersetzung,
R. Brockhaus Verlag, Wuppertal und Zürich

Strauch, Alexander
Zurück zur ersten Liebe
Gedanken zum Sendschreiben an Ephesus

Originally published in English under the title:
Love or Die

www.cv-dillenburg.de
Übersetzung: Martin Plohmann, Bielefeld
Satz: CV Dillenburg
Umschlaggestaltung: werbestudio 71a.de
Druck: CPI Moravia Books, Pohorelice

Printed in Czech Republic

Inhalt

Einleitung

»Strebt nach der Liebe …«
(1Kor 14,1)

Meine erste Begegnung mit den biblischen Grundsätzen der Liebe hatte ich kurze Zeit nach meiner Wiedergeburt, und sie war eher unschön. Es überraschte mich, echte Gläubige zu sehen, die gegeneinander ankämpften, unversöhnliche Haltungen einnahmen und sich voneinander trennten. Was die Sache noch schlimmer machte: In diesen Konflikten ging es nicht etwa um erhabene, ewige, theologische Themen rund um das Evangelium, sondern um persönliche Meinungen und Gemeindetraditionen. Inmitten der Kämpfe von älteren, gottesfürchtigen Gläubigen war das für mich als junger Christ sehr entmutigend.

Um mit meiner Enttäuschung fertig zu werden, suchte ich im Neuen Testament nach Antworten auf das, was im Leben der örtlichen Gemeinde wirklich wichtig sein sollte. Was sind richtige christliche Prioritäten und Einstellungen? Wie können echte Gläubige unterschiedlicher Meinung sein, ohne sich gegenseitig zu *»fressen«* (Gal 5,15)? In dieser Zeit entdeckte ich unter anderem den – wie ich ihn nannte – moralischen (oder Christus ähnlichen) Charakter der Gemeinde. Die Gemeinde sollte eine Familie von Brüdern und Schwestern sein, gekennzeichnet von Demut, Milde, Frieden, Vergebungsbereitschaft, Nachsicht, Glaube, Hoffnung und Liebe, wobei sich die Liebe als die höchste, alles umspannende Tugend hervortun sollte. Paulus schreibt: *»Zu diesem allen aber zieht die Liebe an, die das Band der Vollkommenheit ist!«* (Kol 3,14).

Vor allem 1. Korinther 13 zeigte mir, dass es *»einen noch*

weit vortrefflicheren Weg« des Denkens und Verhaltens gibt, und dass das größte theologische Wissen, die außergewöhnlichsten geistlichen Gaben und aufopferndesten Dienste zwecklos sind – ja sogar verletzend sein können –, wenn sie nicht durch den Geist der Liebe Jesu motiviert werden. Durch mein Bibelstudium erkannte ich, welch herausragende Stellung die Liebe bei allem einnimmt, was wir tun und sagen.

Meine nächste lebensverändernde Begegnung mit der christlichen Liebe hatte ich einige Jahre später, als ein Freund mir die Biographie von Robert Cleaver Chapman gab. R. C. Chapman war für sein durch Liebe geprägtes Leben bekannt, ohne dass er in Bezug auf die Bibel Kompromisse eingegangen wäre. Sein liebevolles Leben war für viele gottesfürchtige Menschen Inspiration und Herausforderung zugleich. Seine Biographie bestätigte mir, was ich bereits in meinem Bibelstudium erkannt hatte: Alles, was wir in unserem christlichen Leben und Dienst tun, muss von Liebe geprägt sein.

Meine dritte unvergessliche Begegnung mit der Liebe hatte ich, als ich den Epheserbrief studierte und dazu einen Kommentar von D. Martyn Lloyd-Jones las, dem ehemaligen Prediger der *Westminster Chapel* in London. Während ich mich mit Epheser 3,18-19 beschäftigte, wurde mir die Bedeutung der Liebe Christi zu mir richtig bewusst und veränderte mein Leben. Paulus' Gebet darum, dass wir die unermessliche Liebe Christi für sein Volk mit dem Verstand, persönlich und aus Erfahrung begreifen sollen, hatte eine außerordentliche Wirkung auf mich:

»Deshalb beuge ich meine Knie vor dem Vater, … er gebe euch … mit Kraft gestärkt zu werden durch seinen Geist an dem inneren Menschen; … damit ihr imstande seid, mit allen Heiligen völlig zu erfassen, was die Breite und Länge und Höhe und Tiefe [der Liebe

Christi] *ist, und zu erkennen die die Erkenntnis übersteigende Liebe des Christus«* (Eph 3,14-19).

Aufgrund dieser einschneidenden Erfahrungen entwickelte ich ein lebenslanges Interesse am Thema biblische Liebe. Später habe ich ihr mehrere Bücher gewidmet: *insbesondere in Bezug auf die Entwicklung einer durch Liebe geprägten Ältestenschaft und einer liebevollen Atmosphäre in der Gemeinde.* Obwohl mein Interesse an diesem Thema weiterhin steigt, empfinde ich bei mir stets ein erhöhtes Maß an Unzulänglichkeit, wenn ich über christusähnliche Liebe zu schreiben versuche. Im Gegensatz zu anderen biblischen Themen erkennt man beim Schreiben über die Liebe sein eigenes Versagen, Gott und seinen Nächsten so zu lieben, wie ein Christ es sollte. Dieses Thema legt in allen Lebensbereichen den Finger in die Wunde. Mein Gebet ist es, dass Christen durch meine Bemühungen darauf aufmerksam werden, wie wichtig die Liebe Jesu Christi sowohl in unserem persönlichen Leben als auch in unserer örtlichen Gemeinde ist.

Teil I: Das Problem verlorener Liebe

»Aber ich habe gegen dich,
dass du deine erste Liebe verlassen hast.«
(Offb 2,4)

Mit Hilfe von Google-Earth kann ich von meinem privaten Arbeitszimmer aus nahezu jede Adresse auf diesem Planeten ausfindig machen und fast jedes Gemeindehaus in der ganzen Welt sehen. Suche ich beispielsweise eine bestimmte Gemeinde in Südafrika, öffne ich auf meinem Computer ein entsprechendes Programm und auf meinem Bildschirm erscheint ein Bild unseres blaugrünen Planeten aus der Weltraumperspektive. Ich tippe *Afrika* ein und der Planet dreht sich zu dem gigantischen afrikanischen Kontinent. Als Nächstes gebe ich *Südafrika* ein und zoome mir das Land nah heran. Dann wähle ich *Barberton* aus (eine Stadt westlich von Swaziland), und in wenigen Sekunden sehe ich die ganze Stadt vor mir. Zum Schluss gebe ich noch die Adresse der Gemeinde ein. Und im Handumdrehen blicke ich auf das Dach eines Gemeindehauses, das 15.680 km von meinem Zuhause entfernt ist.

So überzeugend und faszinierend diese Technologie auch sein mag, ich kann nicht in das Innere des Gebäudes sehen. Ich blicke nur auf das Dach. Ich kann dem Volk Gottes nicht bei der Anbetung zuschauen, ebenso wenig wie ich in die Herzen und Gedanken der dort versammelten Menschen sehen kann. Aber es gibt einen, der in jedes menschliche Herz genau hineinschauen kann. Ihm ist es möglich, den geistlichen Zustand einer Gemeinde zu erkennen. Er kann nicht nur in jede Gemeinde und jedes Herz sehen, sondern auch durch die

Gemeinden hindurch gehen, ohne bemerkt zu werden! Und dies alles ohne die Hilfe unserer Computer, Kameras oder Satellitenbilder.

Jesus Christus geht bereits seit fast zwei Jahrtausenden durch die Gemeinden. Gegen Ende des 1. Jahrhunderts sah er sich sieben ganz bestimmte Gemeinden genauer an. Er blickte nicht nur auf die Dächer, sondern prüfte auch den geistlichen Zustand der Gemeinden und die Gedanken und Herzen aller Gläubigen. Im letzten Buch der Bibel, der Offenbarung des Johannes, enthüllt Christus dann seine Beurteilung dieser sieben Gemeinden.

Stellen Sie sich vor, Christus würde auf Ihre Gemeinde hinuntersehen, durch ihre Mitte gehen und sie bewerten. Es wäre entmutigend, milde ausgedrückt! Doch gewissermaßen hat Christus das schon getan. Durch die Briefe an die sieben Gemeinden in Kleinasien (der heutigen Türkei) spricht er die Probleme und Siege, die Stärken und Schwächen an, die sich auch heute in den örtlichen Gemeinden finden lassen.

Aus diesem Grund sollte uns Jesu Beurteilung dieser sieben Gemeinden ein dringendes Anliegen sein. Sein Urteil ist vollkommen. Er kann nicht getäuscht werden. Seine Augen sind »*wie eine Feuerflamme*« (Offb 1,14), die in die tiefsten Tiefen des menschlichen Herzens dringt. Seinem prüfenden Blick ist nichts verborgen. Ohne seine Beurteilung können wir uns leicht selbst betrügen und unseren Fehlern gegenüber blind werden. Wir kümmern uns häufig mehr um unsere Gemeindewachstumsstrategien oder die neusten Trends als um den Willen Jesu Christi. Doch wie John Stott uns erinnert, zählt letzten Endes das, was Christus über eine Gemeinde denkt. Christus allein »ist Gründer, Haupt und Richter einer Gemeinde.«[1]

Wir können viel daraus lernen, wie Christus jede Einzelne der sieben Gemeinden in Kleinasien beurteilt, aber dieses Buch wollen wir seiner Einschätzung der Gemeinde in Ephesus widmen. Angesprochen wird das Thema Liebe, vor allem das Problem erkalteter Liebe. Ein überaus wichtiges Thema, da Liebe für das Überleben unserer heutigen Gemeinden unerlässlich ist. In Offenbarung 2,1-6 finden wir sein Urteil:

> *»Dem Engel der Gemeinde in Ephesus schreibe: Dies sagt der, der die sieben Sterne in seiner Rechten hält, der inmitten der sieben goldenen Leuchter wandelt: Ich kenne deine Werke und deine Mühe und dein Ausharren, und dass du Böse nicht ertragen kannst; und du hast die geprüft, die sich Apostel nennen und es nicht sind, und hast sie als Lügner befunden; und du hast Ausharren und hast vieles getragen um meines Namens willen und bist nicht müde geworden. Aber ich habe gegen dich, dass du deine erste Liebe verlassen hast. Denke nun daran, wovon du gefallen bist, und tue Buße und tue die ersten Werke! Wenn aber nicht, so komme ich dir und werde deinen Leuchter von seiner Stelle wegrücken, wenn du nicht Buße tust. Aber dies hast du, dass du die Werke der Nikolaiten hasst, die auch ich hasse.«*

1. Jesu Lob und Tadel

In einer dunklen, heidnischen Stadt wie Ephesus war es nicht einfach, ein Licht für Christus zu sein. Der Bibelausleger R. H. Charles bemerkt, dass »Ephesus … ein Nährboden für jegliche Art von Sekte und Aberglauben war.«[2] Der heidnische Tempel der Artemis (römisch: Diana) dominierte die Stadt und wurde als eines der sieben Wunder der antiken Welt angesehen. In Ephesus war der Kaiserkult verbreitet und für jeden Bürger Pflicht. Außerdem war die Stadt ein blühendes Handelszentrum und eine sittenlose Hafenstadt.

Im Bewusstsein all dieser Dinge erkannte der Herr ihre »*Mühe*« und ihr »*Ausharren*« an. Er lobt diese Gemeinde, weil sie jene nicht duldete, die sich zum christlichen Glauben bekannten, aber eine unmoralische Lebensführung rechtfertigten: Ich weiß, »*dass du Böse nicht ertragen kannst.*« Ebenso lobt er sie, weil sie jene geprüft hatten, »*die sich Apostel nennen und es nicht sind.*« Wie die Beröer untersuchten auch die Epheser »*täglich die Schriften, ob dies sich so verhielte*« (Apg 17,11). Kamen selbsternannte Apostel zu ihnen, überprüfte die Gemeinde deren Anspruch auf apostolische Autorität und entlarvte sie als Betrüger. Da sie keine Repräsentanten Christi waren, wies die Gemeinde diese betrügerischen Boten Satans und ihre Lehren zurück. Das verlangte natürlich Mut und Entschlossenheit.

Daher wissen wir, dass die Gemeinde in Ephesus lehrmäßiges Unterscheidungsvermögen besaß. Sie liebte die Wahrheit und hasste so wie Jesus »*die Werke der Nikolaiten*«, einer unmoralischen christlichen Sekte, die Irrlehren verbreitete (Offb 2,6). Man beachte: Jesus lobt sie, weil sie die verderblichen Lehren und Praktiken dieser Sekte hassten. Ihr Hass auf die Werke der Finsternis bewies ihre Liebe zu Christus und dem Wort Gottes. Die Gemeinden heute müssen begreifen, dass Hass auf Böses und Unwahrheit nicht im Widerspruch zur Liebe steht, sondern ein wesentlicher Bestandteil echter christlicher Liebe ist (1Kor 13,6). Liebe »*verabscheut das Böse*« und hält »*am Guten fest*« (Röm 12,9). Somit waren die Gläubigen in Ephesus ein Vorbild für lehrmäßige Wachsamkeit. Sie verteidigten die Wahrheit und liebten das Evangelium. Kompromisslos vertraten sie biblische Prinzipien und wurden deshalb sehr vom Herrn gelobt.

Wir wissen auch, dass die Epheser schwere Konflikte auszutragen hatten. Sie hatten den Boten Satans widerstanden und viele andere schwierige Umstände geduldig ertragen. So lobt der Herr sie: »*Du hast Ausharren und hast vieles getragen um meines Namens willen und bist nicht müde geworden.*« Ein deutlicher Beweis ihrer Loyalität und Hingabe!

Es gab viele Gründe, die Gemeinde in Ephesus zu loben, und wir sollten alle ihre vorbildlichen Qualitäten schätzen. Die Gemeinde hätte ein Handbuch über erfolgreichen Gemeindedienst schreiben können. Aber es war nicht alles in Ordnung. Etwas war sogar grundlegend falsch, und Jesus Christus zeigte direkt auf das Problem: ihre verlorene Liebe. Angesichts all ihrer lobenswerten Qualitäten könnten wir die Klage des Herrn für geringfügig halten, aber in seinen Augen war die Gemeinde »*gefallen*«. Sie hatte ihre einstige Liebe verlassen. Für den, »*der uns liebt und uns von unseren Sünden erlöst hat durch sein Blut*« (Offb 1,5), ist das keine kleine Sache. Daher sagt unser Herr: »*Ich habe gegen dich ...*«

Scheitern in der Liebe

Unser Herr wirft der Gemeinde in Ephesus vor: »*Du hast deine erste Liebe verlassen.*« Wörtlich übersetzt lautet der Text: »Du hast deine Liebe verlassen, die erste.« Die Betonung liegt auf *erste* und bezieht sich somit auf die Liebe, die sie zu Beginn ihres gemeinsamen Lebens als Gemeinde zum Ausdruck gebracht und nun verlassen haben.

Jesus sagt nicht: »Du hast keine Liebe«, sondern: »*Du hast deine erste Liebe verlassen.*« Ihre Liebe war nicht das, was sie sein sollte. Obwohl sie noch ein gewisses Maß an Liebe hatten, da sie größtenteils echte Christen waren und »*um seines Namens willen*« Entbehrungen ertrugen (Offb 2,3), besaßen sie nicht mehr die Art von Liebe wie in den ersten Jahren als Gemeinde. Nach wie vor liebten sie den Herrn, aber nicht so wie am Anfang. Auch einander liebten sie, doch nicht so wie vorher.

Ihre Liebe zu Christus und zueinander hatte sie einst

zu all ihren Taten motiviert. Sie brachte ihrem Leben und Dienst Freude, Kreativität, Frische, Spontaneität und Lebendigkeit. Aber jetzt war die Energiequelle erschöpft. Ihr Dienst war verweltlicht, mechanisch, zur Routine geworden, und ihr Leben ein Abbild von Selbstzufriedenheit. Statt ihre Liebe überfließen zu lassen, fehlte es ihnen an Liebe. Statt von herzlicher Liebe angetrieben, waren ihre Werke nur noch äußerlich. Einige »*Werke*«, die ihrer früheren Liebe entsprangen, waren nun nicht mehr zu finden. Dafür tadelt Jesus sie und ruft sie auf, diese Werke wieder aufzunehmen (Offb 2,5).

Der Gegenstand ihrer ersten Liebe wird nicht genannt. Der Text sagt nicht, ob es die Liebe zu Christus oder die zueinander war. Daher gehen wir am besten davon aus, dass Jesus von christlicher Liebe im Allgemeinen sprach, was Liebe zu Gott, zu den Gläubigen in der Gemeinde und zu den Verlorenen einschließt. Laut unserem Herrn ist die Liebe zu Gott untrennbar mit der Nächstenliebe verbunden (Mk 12,29-31; Lk 10,27). Es ist unmöglich, Gott zu lieben und die Glieder seiner Gemeinde nicht zu lieben, und umgekehrt (1Jo 4,7–5,3).

Jesus fand starke Worte in seinem Tadel an die Epheser. Er spricht sie direkt auf ihre Verantwortung an: »*Du hast deine erste Liebe verlassen*« oder »aufgegeben«[3]. Sie können keinem anderen die Schuld für diesen Verlust geben. Sie hatten jeden erdenklichen Vorteil durch jahrelange gute Belehrungen, den Zugang zu anderen neutestamentlichen Schriften und die Kraft des Heiligen Geistes, der in ihnen wohnte. Kein Wunder, dass Christus sein Missfallen über die Situation in Ephesus so deutlich zum Ausdruck bringt. Der Verlust ihrer Liebe war ihr eigener Fehler. Sie hatten es versäumt, sich in der Liebe Gottes zu bewahren (Jud 21). Jetzt mussten sie sich den Tatsachen stellen und auf die Kritik und den Rat des Herrn reagieren.

2. Wenn eine Gemeinde ihre Liebe verliert

Jede örtliche Gemeinde hat ihre eigene Persönlichkeit, Identität, Besonderheiten, Gaben und Atmosphäre. Diese Unterschiede können in den verschiedenen Gemeinden des Neuen Testaments festgestellt werden (Apg 17,11). Die Eigenschaft, die jeden Gläubigen und jede Gemeinde auszeichnen sollte, ungeachtet ihrer Begabung und ihres Charakters, ist Liebe. Somit sollte die folgende Frage für jeden Christen und jede Gemeinde von äußerster Wichtigkeit sein: Wird unsere Gemeindeatmosphäre von einem christusähnlichen Geist der Liebe geprägt?

Die Gemeinde in Ephesus war nicht neu. Es war eine fest gegründete Gemeinde mit gesunder Lehre und Glaubensüberzeugung. Wir können uns sicher sein, dass die Gläubigen dort regelmäßig ihre Gemeinde besuchten, sich in der Lehre auskannten, das Mahl des Herrn hielten, falsche Lehrer zurückwiesen, gute Werke taten, ihre Verantwortung wahrnahmen, ein rechtschaffenes Leben führten, beteten und geistliche Lieder sangen – aber ihnen fehlte die Liebe.

D. A. Carson, Professor an der *Trinity Evangelical Divinity School*, beschrieb in seinem Artikel *A Church that Does All the Right Things, But* … über Offenbarung 2,4:

> »Sie verkünden nach wie vor die Wahrheit, lieben aber die Person nicht mehr von Herzen, die die Wahrheit ist. Sie tun weiterhin gute Werke, aber nicht mehr aus Liebe, Brüderlichkeit und Barmherzigkeit. Sie halten an der Wahrheit fest und geben mutig Zeugnis, vergessen aber, dass die Liebe das größte Zeugnis für die Wahrheit ist. Es ist nicht so, als hätten ihre ernst gemeinten Tugenden die Liebe vertrieben, aber die Liebe kann nicht ersetzt werden durch noch so viele gute Werke,

durch Weisheit und Unterscheidungsvermögen in Bezug auf Gemeindezucht, durch geduldiges Ausharren in Nöten, durch Hass auf die Sünde oder durch eine gesunde Lehre.«[4]

Ich möchte Ihnen zeigen, wie die Art von Lieblosigkeit aussieht, die unseren Herrn zutiefst betrübt. Ein beliebter junger Prediger und Bibellehrer besuchte eine Gemeinde. Er war ein guter Lehrer und man spürte seine Liebe zum Wort Gottes und zu den Menschen. Als er vor seinem Dienst mit einigen Gläubigen betete, bat er Gott, zu den Menschen durch seinen Heiligen Geist zu sprechen, besonders zu den Unbekehrten. Nach seinem Dienst stand er am Ausgang und verabschiedete jeden einzeln. Ganz offensichtlich genoss er es, mit den Menschen zu reden. Er war sogar der Letzte, der die Gemeinde verließ. Anschließend ging er zu seiner Gastfamilie und aß mit anderen Geschwistern aus der Gemeinde zu Abend. Sie freuten sich an der Gemeinschaft und an guten Gesprächen.

Fünfzehn Jahre später kam er wieder in diese Gemeinde. Noch immer predigte er treu das Wort, verteidigte die gesunde Lehre, forschte in den Schriften, hatte einen vollen Terminkalender und begrüßte jeden freundlich, aber irgendetwas war anders. In der Gebetszeit vor seinem Dienst schwieg er. Nach der Predigt eilte er zum Ausgang, tauschte mit seinen Gesprächspartnern aber nur oberflächliche Höflichkeiten aus. Innerhalb von fünfzehn Minuten hatte er die Gemeinde verlassen. Er bestand auf einem Hotelzimmer, statt sich bei Gläubigen einquartieren zu lassen und mit ihnen zu Abend zu essen.

Etwas hatte sich im Leben und Dienst dieses Predigers verändert. Obwohl im Grunde nichts falsch daran ist, in einem Hotel zu übernachten oder ein Honorar zu verlangen, waren es in diesem Fall feine Hinweise auf eine veränderte Gesinnung. Er betete nicht mit den anderen. Er verbrachte keine Zeit mit Brüdern und Schwester so wie früher. Er verließ die Gemeinde so schnell wie möglich. Selbst seine Predigten schienen eher formal zu sein als von Herzen zu kommen. Bis auf wenige Ausnahmen hatten viele seiner Zuhörer diese Veränderung vielleicht gar nicht wahrgenommen. Worin bestand der Unterschied? Er hatte die Liebe verloren, die er zuvor noch deutlich zeigte. Jesus würde zu diesem Prediger sagen: »*Ich habe gegen dich, dass du deine erste Liebe verlassen hast.*«

Warum ist Liebe so wichtig?

Warum ist der Verlust von Liebe eine so ernste Angelegenheit? Warum bereitet es unserem Herrn solchen Kummer? Warum droht er ein so schweres Gericht an? Warum ist es eine Frage von Leben oder Tod für eine örtliche Gemeinde? Die Antworten gibt Christus selbst ebenso wie jene, die er als Apostel beauftragt hat.

1. Jesus lehrte, »*das größte und erste Gebot*« ist, Gott rückhaltlos zu lieben – von *ganzem* Herzen, mit *ganzer* Seele und mit *ganzem* Verstand (Mt 22,37-38; Mk 12,28-34). Die Summe aller göttlichen Gebote und aller geistlichen Dienste ist die Liebe zu Gott. Das hat oberste Priorität für jeden Gläubigen. Aus diesem Grund wurden wir erschaffen. Nichts im Leben ist richtiger, erfüllender und lohnenswerter, als Gott, unseren Schöpfer und Erlöser, zu lieben.

2. Jesus erklärte, das zweite Gebot sei dem ersten gleich: »*Du sollst deinen Nächsten lieben wie dich selbst*« (Mt 22,39). Jesus verbindet die Liebe zu Gott untrennbar mit der zum Nächsten. In dem Doppelgebot, Gott und seinen Nächsten zu lieben, fasste er den Kern echten Glaubens zusammen, wahrer innerer Geistlichkeit und durch und

durch moralischen Verhaltens. Jesus beurteilte Liebe so: »*An diesen zwei Geboten hängt das ganze Gesetz und die Propheten*« (Mt 22,40), und »*größer als diese ist kein anderes Gebot*« (Mk 12,31).

Deshalb sollen die Nachfolger Christi *nicht nur durch vollkommene Hingabe an Gott gekennzeichnet sein, sondern auch durch aufopfernden Dienst am Nächsten.* Jesus zufolge sind in diesen Bereich der Nächstenliebe unsere Feinde ebenso eingeschlossen wie unsere Verfolger und in unseren Augen unliebsame Menschen (Mt 5,43-48). Bevor Sie weiterlesen, sollten Sie sich vergewissern, dass Sie die Bedeutung dieser beiden Gebote für das christliche Leben verstanden haben.

3. Echte Jüngerschaft erfordert, sich selbst zu verleugnen und ihn mehr als alle anderen zu lieben: »*Wer Vater oder Mutter mehr liebt als mich, ist meiner nicht würdig; und wer Sohn oder Tochter mehr liebt als mich, ist meiner nicht würdig; und wer nicht sein Kreuz aufnimmt und mir nachfolgt, ist meiner nicht würdig*« (Mt 10,37-38). Alle anderen Beziehungen, selbst die engsten familiären Bindungen, werden zu Götzendienst, wenn Christus nicht *mehr* als alles andere geliebt wird.

4. Jesus gab seinen Nachfolgern ein neues Gebot: »*Ein neues Gebot gebe ich euch, dass ihr einander liebt, damit, wie ich euch geliebt habe, auch ihr einander liebt. Daran werden alle erkennen, dass ihr meine Jünger seid, wenn ihr Liebe untereinander habt*« (Joh 13,34-35). Jesus weist auf seine eigene aufopfernde Liebe hin, die als Vorbild zur Erfüllung des neuen Gebots dienen soll. Zudem lehrte er, die Welt würde seine Jünger an dieser Art von selbstloser, gegenseitiger Liebe erkennen. Tatsächlich sollte Liebe »das Erkennungsmerkmal der Nachfolger Christi sein«.[5]

Kein antiker oder moderner Philosoph – wie Platon, Aristoteles, Kant oder Russell – hat je solch weitreichende

Vorstellungen über Liebe gelehrt. Keine politische Persönlichkeit – von Julius Cäsar bis Winston Churchill – hat so etwas von seinen Anhängern gefordert. Und kein religiöser Lehrer, weder Buddha noch Konfuzius oder Mohammed, gebot jemals seinen Jüngern, einander so zu lieben, wie er sie liebte, oder gab sein Leben für sie. Kein anderes theologisches oder philosophisches System sagt so viel über die göttliche Motivation für Liebe (und Heiligkeit) oder drückt solche Liebe aus wie der Kreuzestod Christi oder stellt Forderungen an sie, wie die Lehren Jesu Christi und seiner Apostel es taten.

Carl Hoch schreibt: »Das neue Gebot ist das *sine qua non* des christlichen Lebens«[6], d.h., ohne sie geht es nicht. Somit ist das neue Gebot ein wesentliches Element des christlichen Lebens und Zeugnisses gegenüber der Welt. Ein Nichtbefolgen des neuen Gebots würde das christliche Leben zu »nichts« machen – und uns zu Nicht-Christen. Mit den Worten des schottischen Neutestamentlers John Eadie: »Dem Beispiel Christi ist nichts so fern wie eine harte und unbarmherzige Art.«[7]

5. Johannes, der geliebte Jünger Jesu, sagte: »*Gott ist Liebe*« (1Jo 4,8.16). Um diese Aussage besser zu verstehen, müssen wir uns die Dreieinheit anschauen. Im Zentrum der christlichen Lehre über Liebe steht das dreieine Wesen Gottes.[8] Das vollendete Vorbild für Liebe existiert innerhalb der drei Personen umfassenden Gottheit – Gott Vater, Gott Sohn und Gott Heiliger Geist –, die drei in einem und einer in dreien sind und vollkommen in gegenseitiger Liebe. Kelly Kapic behauptet: »Alle Liebe ist nichts anderes als ein Spiegelbild oder ein Schatten der Liebe innerhalb der göttlichen Dreieinheit.«[9] Zwischen Vater, Sohn und Heiligem Geist besteht seit Ewigkeiten eine dynamische, personale Beziehung, die von Liebe gekennzeichnet ist (Joh 17,24).[10] Und wir wurden aufgeru-

fen, an dieser heiligen Gemeinschaft der Liebe teilzuhaben (Joh 17,26; 14,21; 15,9-10).

Johannes' autoritative Verkündigung, dass *Gott Liebe ist*, unterstützt seinen Aufruf zu gegenseitiger Liebe: »*Geliebte, lasst uns einander lieben! Denn die Liebe ist aus Gott; und jeder, der liebt, ist aus Gott geboren und erkennt Gott. Wer nicht liebt, hat Gott nicht erkannt, denn Gott ist Liebe*« (1Jo 4,7-8). Sich in der Familie Gottes nicht gegenseitig zu lieben, ist eine große Sünde.

6. Paulus nannte die Liebe »*einen noch weit vortrefflicheren Weg*« der Lebensführung. Liebe ist die Kerntugend, die im christlichen Leben alle unsere Taten und Worte bestimmen sollte. Um diese fundamentale Wahrheit mit unvergesslicher Eindringlichkeit zu verdeutlichen, schreibt Paulus:

> *»Und einen Weg noch weit darüber hinaus zeige ich euch: Wenn ich in den Sprachen der Menschen und der Engel rede, aber keine Liebe habe, so bin ich ein tönendes Erz geworden oder eine schallende Zimbel. Und wenn ich Weissagung habe und alle Geheimnisse und alle Erkenntnis weiß und wenn ich allen Glauben habe, so dass ich Berge versetze, aber keine Liebe habe, so bin ich nichts. Und wenn ich alle meine Habe zur Speisung der Armen austeile und wenn ich meinen Leib hingebe, damit ich Ruhm gewinne, aber keine Liebe habe, so nützt es mir nichts«* (1Kor 12,31–13,3).

Mit anderen Worten sagt Paulus:

Ohne Liebe klingen selbst himmlische Sprachen lästig.
Ohne Liebe hilft es keinem, theologisch und philosophisch alles zu wissen.
Ohne Liebe ist selbst ein großer, risikobereiter Glaube wertlos.

Ohne Liebe ist es nutzlos, alles den Armen zu geben. Ohne Liebe ist selbst das Opfer des eigenen Lebens sinnlos.

Maurice Roberts, schottischer Pastor und ehemaliger Herausgeber von *The Banner of Truth*, erfasst den großen Ernst der paulinischen Worte:

> »Diese vertrauten Worte enthalten einen der zentralsten Grundsätze des christlichen Glaubens: Aus Gottes Sicht ist keine religiöse Tat von Wert, entspringt sie nicht aus der christlichen Liebe. …
> Die Menschen denken aber nur selten ernsthaft darüber nach. Würde man die Tragweite dieses einen Grundsatzes völlig erfassen, hätte es eine entscheidende Wirkung auf uns alle. …
> Da in Gottes Augen nichts von Wert ist, wenn es nicht aus Liebe getan wird, müssen wir alle unseren gewohnten Formalismus korrigieren!
> Formalismus, Nominalismus und geistliche »Kälte« sind ernste Probleme, da sie offensichtlich auf mangelnde Liebe zu Gott zurückzuführen sind. … Gott schenkt der Art und Weise, wie Menschen über ihn denken, während sie zum Gottesdienst und zur Anbetung zusammenkommen, besondere Beachtung.«[11]

Paulus fasst 1. Korinther 13, das große Kapitel der Liebe, mit der Aussage zusammen: *»Nun aber bleibt Glaube, Hoffnung, Liebe, diese drei; die größte aber von diesen ist die Liebe«* (V. 13). Jeder Christ sollte von Glaube, Hoffnung und Liebe gekennzeichnet sein. Diese Kardinaltugenden sind für ein erneuertes Leben ebenso entscheidend wie für eine gedeihende örtliche Gemeinde. Doch unter diesen dreien, sagt Paulus, ist *»die größte … die Liebe.«* Ob wir nun von der

Frucht des Geistes sprechen oder von Kardinaltugenden, die Liebe ist die Größte![12]

Daher müssen wir fragen: Finden die Menschen, die Ihre Gemeinde besuchen, eine warme, freundliche und einladende Atmosphäre vor, die Liebe zu allen Menschen erkennen lässt? Spüren sie christusähnliche Barmherzigkeit und die Art von liebevoller Familiengemeinschaft, die die neutestamentlichen Schreiber sich vorstellten? Erkennen sie echte Sorge für die gegenseitigen Bedürfnisse, christliche Gastfreundschaft und selbstlose Großzügigkeit? Sehen sie die Freude im Herrn, geistliches Leben und Menschen, die der leidenden Welt das Evangelium bringen?

Oder wirkt Ihre Gemeinde eher wie ein unpersönlicher Zusammenschluss von einzelnen Menschen und nicht wie eine geistliche Familie? Können Besucher Unfreundlichkeit und Gleichgültigkeit entdecken? Nehmen sie einen stolzen, kritischen Geist wahr oder eine unzufriedene, streitsüchtige Gruppe von Personen?

Zur Erinnerung: Es gibt immer jemanden, der in diesen Gemeinden anwesend ist – ungesehen, aber alles sehend. Wie würde wohl Christus Ihre örtliche Gemeinde einschätzen?

Ein Freund von mir war auf der Suche nach einer neuen Gemeinde, nachdem sich seine aufgelöst hatte. Er lebte in einer großen Stadt mit vielen evangelikalen Gemeinden, so konnte er unter einer großen Anzahl auswählen. Er ist ein Mensch, der sich engagiert und seiner Gemeindefamilie treu bleibt. Deshalb wollte er sich nicht irgendeine Gemeinde aussuchen. Nach langer, frustrierender Suche fand er schließlich eine neue Gemeindefamilie.

Ich fragte ihn, was er aus seinen Besuchen bei den unterschiedlichsten Gemeinden gelernt hatte. Er hatte eine Reihe von interessanten Beobachtungen gemacht, aber ich wollte vor allem wissen, weshalb er sich nun für diese Gemeinde entschieden hatte. Er sagte, seine Entscheidung habe auf »dem Geist der Gemeinde, ihrer Atmosphäre« beruht. Alle von ihm besuchten Gemeinden hatten eine gesunde Lehre und in manchen gab es sogar ausgezeichnete Verkündigung; doch irgendetwas fehlte. Seine neue Gemeinde hatte beides: gute Lehre und Verkündigung sowie liebevolle, fürsorgliche Gesinnung unter den Geschwistern. Mit anderen Worten, er hatte eine liebevolle Gemeindefamilie gefunden, in der er sich zugehörig fühlte.

Die Gemeinde in Ephesus stand für gesunde Lehre und Treue zum Evangelium, doch etwas fehlte. Die Atmosphäre der Gemeinde war gestört. Ihr fehlte die Liebe.

Wir wollen uns im folgenden Kapitel Jesu Heilmittel für mangelnde Liebe anschauen, damit wir uns vor solch einem Fehler in unserer eigenen Gemeinde schützen können.

3. Das Heilmittel Jesu

Wir dürfen niemals vergessen, was wir aus Offenbarung 2,4 lernen: eine Einzelperson oder eine Gemeinde kann eine gesunde Lehre haben, dem Evangelium treu sein, ein moralisch tadelloses Leben führen und hart arbeiten, aber dennoch keine bzw. wenig Liebe besitzen, und Christus deshalb betrüben. Die Liebe kann erkalten, während das äußere religiöse Erscheinungsbild nach wie vor akzeptabel ist – vielleicht sogar lobenswert.

Wir neigen dazu, äußeren religiösen Gepflogenheiten, Traditionen, Unterschieden zwischen den Gemeinden, lehrmäßiger Korrektheit und moralisierenden Regeln zu trauen, während wir gleichzeitig die entscheidenden, grundlegenden Elemente der Liebe zu Gott und zum

Nächsten übersehen. Wie leicht ist es doch, sich mit einem äußeren religiösen Erscheinungsbild zufrieden zu geben und wie die Pharisäer zu sein, die *»die Minze und die Raute und alles Kraut verzehnteten und das Gericht und die Liebe Gottes«* übergingen (Lk 11,42).[13] Ein frommes und korrektes Äußeres kann echten, inneren Glauben und herzliche Liebe auf heimtückische Weise ersetzen. Dies ist eine allgegenwärtige Gefahr. Häufig ist es bereits zu spät, wenn das Problem festgestellt und nach Erklärungen gesucht wird. Dennoch muss es erkannt und korrigiert werden, denn die Liebe zu Gott und zum Nächsten ist der Kern echten geistlichen Lebens. Somit ist Offenbarung 2,4 ein Weckruf an alle Gemeinden: Liebe oder stirb!

Doch es ist nicht leicht, ein Herz wiederherzustellen, das zu wenig Liebe hat. Es gibt ein physisches Herzleiden, *Kardiomyopathie* genannt, das den Herzmuskel schwächt, so dass das Herz nicht mehr genügend Blut durch die Adern pumpen kann. Ohne Behandlung wird der Patient immer schwächer, bis er schließlich stirbt. Ein ähnliches Risiko besteht, wenn es einem Herzen an Liebe fehlt. Ein kaltes Herz wird ein hartes Herz, ein Herz, das für Veränderungen immun ist. Mit der Zeit wird es zunehmend schwerer, die Wärme der christlichen Liebe wiederherzustellen. Die Entwicklung muss gestoppt und rückgängig gemacht werden, bevor es zu spät ist.

Die Gemeinde in Ephesus wurde durch die geistliche Herzerkrankung *Liebesmangel* geschwächt. Wäre der Zustand nicht diagnostiziert und richtig behandelt worden, wäre die Gemeinde gestorben. Statt in der Liebe zu wachsen, wie es eine gesunde Gemeinde sollte, wurde die Gemeinde immer schwächer. Der große Arzt legte seinen Finger auf das Problem, diagnostizierte den Zustand und verschrieb das Heilmittel.

In seinem Aufruf zum Handeln warnte Jesus die

Epheser: »*So komme ich dir und werde deinen Leuchter von seiner Stelle wegrücken, wenn du nicht Buße tust*« (V. 5). Wenn sie nicht reagierten, würde er es tun. Dies war keine leere Drohung, und sie zeigt, wie betrübt Christus ist, wenn die erste Liebe verlassen wird.

Obwohl die genaue Bedeutung der Ankündigung des Herrn von Bibelauslegern diskutiert wird, ist der Ernst der Lage klar. Seine Worte offenbaren den kranken geistlichen Zustand der Epheser. Mangel an Liebe ist eine lebensbedrohliche Krankheit, die sie sich durch ihre Nachlässigkeit selbst zugezogen hatten. Ohne Buße würde Christus ihr Licht auslöschen.

Um dem schwachen geistlichen Herzenszustand der Gemeinde Abhilfe zu schaffen, gibt Jesus ihnen drei Handlungsanweisungen zur Vermeidung göttlicher Zuchtmaßnahmen. Ihre Situation war nicht aussichtslos, aber würden sie nicht schnell handeln, steuerte die Gemeinde auf eine Katastrophe zu. So verschrieb Jesus ihnen ein dreifaches Heilmittel: erinnern, Buße tun und Rückkehr zu den ersten Werken.

Erinnern

Als Erstes weist der Herr die Gemeinde an: »*Denke nun daran, wovon du gefallen bist*« (V. 5). Jesus sagt, sie seien gefallen; sie waren rückfällig geworden und nicht mehr in demselben geistlichen Zustand wie zuvor.

Ironischerweise wurde die Gemeinde nicht von Irrlehrern von Außen betrogen (V. 2), sondern von ihrer fehlenden Liebe von Innen. Erfolgreich widerstanden die Epheser der großen Gefahr von Irrlehren, unterlagen aber der ebenso verheerenden Gefahr mangelnder Liebe. Das ist eine Lektion für alle Gemeinden: Gesunde Lehre und inbrünstige Liebe müssen bewahrt und im Gleichgewicht gehalten werden.

Um den Ephesern ihren ernsten Zustand vor Augen zu führen, ermahnte Jesus sie, sich an ihre erste Zeit zu erinnern, als noch die Liebe ihr Handeln motivierte. Sie mussten an die Liebe denken, die sie einst hatten, bevor sie sie verließen.

Sie sollten sich an vergangene Gefühle und Taten erinnern, aber dabei nicht passiv bleiben. Gemeint waren nicht sentimentale Tagträume von den »guten alten Zeiten« ohne feste Handlungsabsicht. Der Imperativ Präsens »*denke nun daran*« betont eine andauernde, kontinuierliche Haltung des Erinnerns. Dies heißt, dass man sich an vergangene Freuden, Taten, Einstellungen und Erfahrungen im Gemeindeleben erinnert, um sie wieder aufleben zu lassen.

Diese Erinnerungen sollen das gegenwärtige Handeln der Gemeinde leiten und für die Zukunft richtungweisend sein, den Maßstab vorgeben und zu Veränderungen motivieren. Es soll der Gemeinde helfen, ihren Liebesverlust zu erkennen und einzugestehen, damit sie zur Buße geführt werden und zu den ersten Liebestaten zurückkehren kann. Für diese Gemeinde führte der Weg nach vorne zurück in die Vergangenheit: das Erkennen von Dingen, die sie verloren hatten, und das Eingeständnis ihres gefallenen, sündigen Zustands.

Buße tun

An den ersten Imperativ, »*denke nun daran*«, schließt sich ein weiterer an: »*Tue Buße.*« Sie mussten die Notwendigkeit erkennen, zur ersten Liebe zurückzukehren. Die Erinnerung daran, wovon sie gefallen waren, würde sie zur Buße leiten.

Was ist Buße? D. A. Carson liefert eine gute Definition:

> »Gemeint ist nicht eine rein intellektuelle Veränderung des Denkens oder tiefe Trauer, ebenso wenig wie bloße

Reue, sondern eine radikale Umwandlung der ganzen Person, eine grundlegende Kehrtwendung, die sowohl das Denken als auch das Handeln einschließt und zu ›*der Buße würdigen Frucht*‹ (Mt 3,8) führt. Natürlich setzt dies voraus, dass das Handeln des Menschen vollständig fehlgeleitet ist und eine radikale Veränderung erfordert.«[14]

Durch Buße würde die Gemeinde in Ephesus beweisen,

- dass sie das Urteil Christi über ihren gefallenen Zustand *akzeptiert*.
- dass sie sich nach dem Wort Christi *selbst beurteilt* hat und anerkennt, sündig zu sein und göttliche Zucht zu verdienen (1Kor 11,31-32).
- dass sie darüber *trauert*, ihre Liebe verloren und Christus betrübt zu haben (2Kor 7,8-10).
- dass sie sich von der Sünde *abwendet* und zu ihrem einstigen von Liebe geprägten Leben *zurückkehrt*.
- dass sie mit Gottes Gnade die entsprechenden *Veränderungen vornimmt* (2Kor 7,8-12).

Ohne Buße konnten die Epheser ihre erste Liebe nicht zurückerlangen – das hätte der Herr nicht erlaubt. Die Lektion ist: bei Sünde muss immer gehandelt werden; man darf sie nicht ignorieren. Die Gläubigen in Ephesus mussten Buße tun, um zur ersten Liebe zurückkehren zu können. Hätten sie Christi Aufruf zur Buße nicht beachtet, wären sie unter Gottes Gericht gefallen: »*Wenn aber nicht, so komme ich dir und werde deinen Leuchter von seiner Stelle wegrücken, wenn du nicht Buße tust*« (Offb 2,5).

Rückkehr zu den ersten Werken

Nach »*denke nun daran*« und »*tue Buße*« lautet der dritte Befehl: »*Tue die ersten Werke*« (V. 5). Das Wort *erste* erinnert uns an den vorangegangenen Gebrauch in Offenbarung 2,4: »*Du hast deine erste Liebe verlassen.*« Echte Buße führt zu »*der Buße würdigen Frucht*« (Mt 3,8; auch 2Kor 7,10-11). Jesus macht sie auf ihre ersten Werke aufmerksam, die ihrer ersten Liebe entsprangen.

Im Fall der Epheser bedeutet die Rückkehr zu ihren ersten Werken eine Rückkehr zu ihrem früheren Zustand und zu ihren vorherigen Liebestaten. Jesus sagt ihnen nicht einfach, sie sollten mehr Werke tun – denn sie hatten Werke (Offb 2,2) –, sondern die ersten. Möglicherweise waren ihre »*Mühe*« und ihr »*Ausharren*« größtenteils darauf beschränkt, Irrlehrer aufzuhalten, die gesunde Lehre vor Angriffen zu schützen und sich gegen den Widerstand einer feindseligen Gesellschaft zu behaupten.

Als die Gläubigen in Ephesus allmählich ihre erste Liebe verließen, reduzierten sie auch ihre Taten der Liebe, Freundlichkeit, Barmherzigkeit, Fürsorge, Gastfreundschaft und ihr Gebetsleben auf ein Minimum.[15] Der Verlust von Liebe wirkt sich auf Aktivität, Verhalten und Einstellung einer Gemeinde immer negativ aus. Die Epheser arbeiteten hart und hielten durch, aber ihrer Arbeit fehlten Dinge, die wiederhergestellt werden mussten.

Es war eine gute Nachricht für diese Gemeinde, dass Buße ihnen die Vergebung und Hilfe des Herrn zusicherte. Christus »gab ihnen das Öl frischer Liebe«[16] für ihre Lampen, damit sie wieder erstrahlen konnten. Er wünschte sich nichts mehr, als dass ihre Liebe wieder auflebte und stärker wurde. Er wollte von ihnen, dass sie so liebten wie vorher.

So wie für die Epheser kann auch für uns das Feuer der Liebe neu entfacht werden. Wir können unser Leben Christus neu hingeben. Der Heilige Geist kann Gebet, Bibelstudium, Evangelisation, Anbetung und Gemeinschaft neues Leben einhauchen. Wir können in der Liebe Gottes bleiben und sie besser kennenlernen (1Jo 4,16). Wir können beständiger in der Liebe leben, so wie Christus uns geliebt und sich für uns hingegeben hat (Eph 5,2). Praktische Tipps dazu finden sich im nächsten Teil dieses Buches.

Anmerkungen zu Teil I

1. John R. W. Stott, *What Christ Thinks of the Church: An Exposition of Revelation 1–3* (Grand Rapids: Baker, 2003), 7.
2. R. H. Charles, *The Revelation of St. John*, ICC (New York: Scribner, 1920), 1: 48.
3. BDAG, s.v., *aphiêmi*, 156.
4. D. A. Carson, »A Church that Does All the Right Things, But …«, *Christianity Today* (29. Juni 1979): 30.
5. Leon Morris, *The Gospel According to John*, NICNT (Grand Rapids: Eerdmans, 1995), 562.
6. Carl B. Hoch Jr., *All Things New: The Significance of Newness for Biblical Theology* (Grand Rapids: Baker, 1995), 145.
7. John Eadie, *Divine Love: A Series of Doctrinal, Practical and Experimental Discourses* (1856; Birmingham, AL: Solid Ground Christian Books, 2005), 276.
8. »Letzten Endes ist das Christentum Trinitarianismus. Entfernen wir aus dem Neuen Testament Vater, Sohn und Heiligen Geist, so bleibt kein Gott mehr übrig« (William G. T. Shedd, »Introductory Essay« in Philip Schaff, Hrsg., *Nicene and Post-Nicene Fathers*, 1. Reihe [1887; Peabody, MA: Hendrickson, 1994], 3: 10-11).
9. Kelly M. Kapic, *Communion With God: The Divine and the Human in the Theology of John Owen* (Grand Rapids: Baker, 2007), 231.
10. Bruce Ware spricht von der Dreieinheit als von einer »Gesellschaft von Personen« und meint: »Gott ist nie ›allein‹ … Der eine Gott besteht aus drei Personen! Von seinem Wesen her ist er ein Einheitswesen und gleichzeitig existiert er ewig als Gesellschaft von

Personen. … Er ist ein sozial zusammenhängendes Wesen in sich selbst. In dieser dreipersonalen Beziehung lieben die drei Personen einander, unterstützen sich, helfen sich, arbeiten zusammen, ehren sich gegenseitig, kommunizieren miteinander und achten einander und erfreuen sich aneinander. … So ist der Reichtum und die Fülle und die Vervollkommnung der personalen Beziehung, die innerhalb der Dreieinheit existiert« (Bruce A. Ware, *Father, Son, and Holy Spirit: Relationship, Roles & Relevance* [Wheaton: Crossway, 2005], 20-21).

11. Maurice Roberts, »The Supreme Grace of Christian Love«, *The Banner of Truth*, (Februar 1989): 1, 3.
12. Der französische Pastor und Bibelausleger Gaston Deluz fasst 1. Korinther 13 folgendermaßen zusammen: »Die Lebendigkeit einer Gemeinde ist somit am Reichtum ihrer Liebe zu messen, nicht am Eifer ihrer Glieder, dem Scharfsinn ihrer Lehre oder an der Höhe ihrer Finanzen. Aber es ist wahr, Liebe kann den Eifer der Gemeindeglieder vergrößern, Theologen inspirieren und die Finanzen der Gemeinde aufbessern« (Gaston Deluz, *A Companion to 1 Corinthians* [London: Darton, Longman & Todd, 1963], 188).
13. In Markus 12,33-34 findet sich das Beispiel eines Schriftgelehrten, der verstand, dass die fundamentale Wahrheit der Liebe zu Gott und zum Nächsten alle äußeren »*Brandopfer und Schlachtopfer*« übertraf.
14. D. A. Carson, *Matthew 1–12*, The Expositor's Bible Commentary (Grand Rapids: Zondervan, 1995), 99.
15. Röm 12,9-21; 1Tim 5,10; 1Jo 3,11-18.
16. Robert Tuck, *A Homiletic Commentary* (New York: Funk & Wagnalls, o.J.), 9: 451.

Teil II: Wie man Liebe pflegt

»Lasst uns aufeinander achthaben,
um uns zur Liebe und zu guten Werken anzureizen.«
(Hebr 10,24)

Der Tadel des Herrn an die Gemeinde in Ephesus ist eine ernste Warnung: Eine Gemeinde kann hart arbeiten, Irrlehre bekämpfen, in der Not durchhalten, eine gesunde Lehre haben und dennoch aufgrund ihrer fehlenden Liebe Gefahr laufen, von Gott gezüchtigt zu werden. Ganz gleich wie beeindruckend eine Gemeinde nach außen hin erscheinen mag – mit einem prachtvollen Gebäude, einer großen Versammlung, vielen Mitarbeitern, einem gewaltigen Budget, dynamischen Predigten, einem außergewöhnlichen Missionsprogramm und ehrfürchtiger Musik –, aus Mangel an Liebe kann sie dennoch im Sterben liegen (1Kor 13,1-3).

Liebe ist für die geistliche Gesundheit des einzelnen Gläubigen ebenso lebensnotwendig wie für die örtliche Gemeinde. Daher ist das Pflegen der Liebe in der Gemeinde ein wichtiges Thema für mich. Mich schmerzt es, Gemeinden zu sehen, die den neutestamentlichen Geist der Liebe in der Praxis verloren haben. Ich trauere über Gemeinden, die aufgrund ihrer gesunden Lehre überheblich sind, sich aber in Bezug auf ihre Liebe im Tiefschlaf befinden (1Kor 13,4). Ebenso beklage ich, dass einige Gemeinden stolz auf ihre Liebe sind, aber gleichzeitig die Lehre vernachlässigen. Es ist desillusionierend, Gemeinden zu sehen, die sich aufgrund ihres verzerrten Verständnisses von Liebe weigern, sündige Gemeindeglieder zu züchtigen. Auch selbstzufriedene Christen, die nicht in der Liebe wachsen wollen, bereiten mir Sorgen.

Ich kann es kaum glauben, wenn Gläubige sich bekämpfen, sich gegenseitig vor Gericht verklagen, sich verleumden und hassen und dabei das in der Bibel beschriebene Verhalten der Liebe ignorieren (1Kor 13,4-7).

Der Verlust der Liebe in der Familie Gottes sollte jedem Gläubigen Sorge machen. Obwohl letzten Endes Gott derjenige ist, der uns in der Liebe bewahrt und uns zur Liebe antreibt,[1] gibt es auch eine menschliche Seite der Gleichung. Die Bibel fordert alle Gläubigen auf, nach Liebe zu streben, sich in der Liebe Gottes zu bewahren, in der Liebe Christi zu bleiben und einander zu Liebe und guten Werken anzureizen.[2] Daher ist es für unsere Gemeinden sowie für die geistliche Gesundheit des einzelnen Gläubigen unerlässlich, zu wissen, wie wir die Liebe pflegen und bewahren können.

Liebe zu pflegen und zu praktizieren, ist für die örtliche Gemeinde eine Frage von Leben oder Tod. Wir wollen nicht, dass der Herr über uns sagt: »*Ich habe gegen dich …*« Folglich ist es unsere persönliche und gemeinsame Verantwortung, die Liebe zu pflegen und zu bewahren. Wir müssen lernen, als Einzelne und als Gemeinde in der Liebe zu wachsen. Wir müssen uns selbst und andere motivieren, »*in Tat und Wahrheit*« zu lieben (1Jo 3,18). Und wenn die Liebe stirbt, müssen wir das Streben nach Liebe neu entfachen und wiederbeleben.

1. Studiere die Liebe

Da wir die Liebe Christi nachahmen sollen, kann es keinen besseren Ausgangspunkt geben, als das zu studieren, was Gott in seinem Wort, der Bibel, über Liebe sagt. Sie ist der Maßstab zur Bestimmung göttlicher Liebe und zur Korrektur falscher Vorstellungen von Liebe. Nur wenige

Gläubige sind sich darüber im Klaren, was die Bibel über dieses Thema alles lehrt.

In der *Elberfelder Bibel* taucht das Wort *Liebe* in verschiedenen Formen fast 600-mal auf. Zusätzlich findet sich das Konzept von Liebe in der Bibel viele Male, auch wenn das Wort nicht direkt benutzt wird. Da Gott Liebe ist – der Urheber, der Liebe definiert und belohnt –, ist das Thema Liebe von solch enormer Bedeutung. Daher ist es nur natürlich, dass sein Wort von Liebe durchdrungen ist.

Wenn Sie nach Liebe streben wollen, müssen Sie lesen und studieren, was Gott in seinem Wort über Liebe sagt. Dann werden Sie in der Erkenntnis der Liebe wachsen und in der Erkenntnis Gottes und Christi, die wir mehr als alle anderen lieben sollen. Nichts anderes als Gottes Wort und sein Heiliger Geist kann unser Verlangen nach Liebe wecken und unsere sündigen, egoistischen Herzen so verändern, dass wir wie Christus lieben. Wenn die Bibel uns nicht von der Bedeutung der Liebe und von Gottes Ansprüchen an die Liebe überzeugt, kann nichts das tun.

Henry Moorhouse und das Studium der Liebe

Die Geschichte von Henry Moorhouses Einfluss auf Dwight L. Moody, den großen Evangelisten des 19. Jahrhunderts, illustriert auf wunderbare Weise, wie wichtig das biblische Studium der Liebe ist.[3] Henry Moorhouse war ein junger, britischer Reiseevangelist. Vor seinen Evangeliumspredigten setzte er sich von 1. Mose bis zur Offenbarung mit einem Thema auseinander. Anschließend war er imstande, anhand der ganzen Bibel über das Thema zu sprechen. Seine Botschaften waren ein reichhaltiges Festessen an biblischem Inhalt, geschickt ergänzt durch treffende Illustrationen, die seinen ungläubigen Zuhörern die Bedeutung der Bibel näher erläuterten.

Von allen Themen, die Moorhouse mit Freude studierte und predigte, war sein Lieblingsthema die Liebe Gottes, wie sie in Johannes 3,16 ausgerufen wird: »*Denn so hat Gott die Welt geliebt, dass er seinen eingeborenen Sohn gab, damit jeder, der an ihn glaubt, nicht verloren geht, sondern ewiges Leben hat.*« Als Henry Moorhouse nun das erste Mal Amerika besuchte und in Moodys Gemeinde in Chicago predigte, verkündete Moorhouse sieben klare Botschaften über Johannes 3,16 in einer Woche! Unter Verwendung der ganzen Bibel nahm er seine Zuhörer auf eine aufregende Entdeckungsreise zu Gottes erstaunlicher Liebe mit.

Alles, was Moorhouse in dieser Woche sagte, stützte sich auf die Heilige Schrift. Ein Ergebnis seines intensiven Gebrauchs der Bibel beim Predigen war, dass die Menschen zum ersten Mal begannen, ihre Bibeln mit in die Gemeinde zu nehmen. Seine vollmächtigen Predigten, die täglich immer mehr Menschen anzogen, initiierten in der Gemeinde eine geistliche Erweckung der Liebe. Sogar Moody bekannte, seine Tränen nicht zurückhalten zu können, als Moorhouse aus der Bibel Vers für Vers über Gottes Liebe zu verlorenen Sündern anführte, wie sie sich im Kreuzestod Christi zeigte.

Bis zu diesem Zeitpunkt hatte Moody nur vom göttlichen Gericht über Sünder gepredigt, nicht über Gottes Liebe zu Sündern. Aber nachdem er diese sieben Predigten über Johannes 3,16 gehört hatte, »war er nicht mehr derselbe Mann.«[4] Obschon Moody Moorhouse anfangs nicht sonderlich mochte, wurden sie schon bald enge, lebenslange Freunde. Henry Moorhouse, der wie ein 17-jähriger, bartloser Teenager aussah und nicht über Moodys Schultern reichte, scheute sich nicht, den stattlichen Moody zu einem intensiveren Bibelstudium und zu schriftzentrierten Predigten zu drängen. Moody reagierte positiv darauf und Henry wurde sein Lehrer.

Durch sein persönliches Studium und seine vollmächtigen Predigten über Gottes Liebe wurde Moody motiviert, selbst zu untersuchen, was die Bibel über Liebe sagte. Moody war erstaunt, was er bei seinem Studium biblischer Liebe herausfand:

> »Ich untersuchte das Wort ›Liebe‹, und ich weiß nicht, wie viele Wochen ich mit dem Studium der entsprechenden Stellen verbrachte, *bis ich letzten Endes nicht anders konnte, als die Menschen zu lieben!* (Hervorhebung durch den Autor). Ich hatte mich so lange mit Liebe beschäftigt, dass ich jedem, der mir begegnete, Gutes tun wollte.
> Sie erfüllte mich. Sie floss mir aus den Fingern. Erforsche das Thema Liebe in der *Bibel*! Und sie wird dich so sehr erfüllen, dass du nur den Mund öffnen musst und eine Flut der Liebe Gottes strömt bei deinen Diensten aus dir heraus. Gemeindearbeit ohne Liebe ist sinnlos. Ein Arzt oder Anwalt mag seine Arbeit ohne Liebe gut machen, aber Gottes Werk kann nicht ohne Liebe getan werden.«[5]

Die Bibel ist beispiellos in ihren Ansprüchen und Forderungen hinsichtlich der Liebe. Alles, was sie über Liebe sagt, wird Sie erstaunen. Wenn Sie Moodys Herausforderung: »Erforsche das Thema Liebe anhand der Bibel«, annehmen, werden auch Sie herausfinden, dass Sie jedem Gutes tun wollen. Die Liebe wird aus Ihrem Mund und Ihren Fingern fließen. Sie werden sich wünschen, ein besseres Vorbild für christusähnliche Liebe zu sein.

Und wie bei Moorhouse wird Ihr Verlangen nach einem größeren Verständnis und nach Wachstum in der Liebe Gottes unstillbar sein. Johannes 3,16 wurde zu der Botschaft, an der man Moorhouse erkannte. Noch auf seinem Sterbebett sagte Moorhouse einem Freund: »Wäre es der Wille des Herrn, mich aufzuerwecken, würde ich gerne mehr über die Worte *so hat Gott die Welt geliebt* predigen.«[6] Tage später starb er im frühen Alter von nur vierzig Jahren. Eingraviert auf seinem Grabstein stand: Johannes 3,16.

Mit dem Studium der Liebe beginnen

Zu einem möglichst schnellen und einfachen Beginn des biblischen Studiums der Liebe empfehlen sich die biblischen Texte über Liebe im Anhang dieses Buches (Anhang: Fünfzig Bibelstellen über Liebe). Diese Stellen werden Ihnen einen allgemeinen Überblick darüber verschaffen, was die Bibel über die Liebe sagt. Aber lesen Sie sie nicht einfach oberflächlich durch; nehmen Sie sich Zeit, um über biblische, christusähnliche Liebe nachzudenken.[7]

Eine weitere Möglichkeit für den Anfang Ihres Studiums bieten Bibelkonkordanzen oder Software-Programme, in denen Sie nach Versen mit dem Wort Liebe suchen können. Lesen Sie die Verse im Kontext, und teilen Sie sie anschließend in Themen spezifische Kategorien ein, die Ihnen helfen, sich an die biblische Lehre über die Liebe zu erinnern. Johannes 17,24 bietet beispielsweise einen unschätzbaren Einblick in die Liebe des Vaters für den Sohn. Weitere Kategorien könnten unter anderem sein:

- Gott ist Liebe
- Die Liebe des Vaters zum Sohn
- Die Liebe des Sohnes zum Vater
- Der Heilige Geist und Liebe
- Gottes Liebe zu Israel
- Gottes unfehlbare Liebe
- Die Liebe Jesu Christi zu seinem Volk
- Die Liebe des Gläubigen zu Gott

- Die Liebe des Gläubigen zu Christus
- Die Liebe des Gläubigen zu anderen Gläubigen
- Die Liebe des Gläubigen zu den Verlorenen
- Liebesbeziehungen zwischen Menschen (Ehemann/Ehefrau, Eltern/Kind, Freunde, Leiter/Nachfolger etc.)
- Wachsen in der Liebe
- Die Gebote der Liebe
- Das Wesen der Liebe
- Die Bedeutung der Liebe
- Liebe und Gebet
- Liebe und Gehorsam

Beachten Sie bei Ihrem Studium der Liebe die Aussage unseres Herrn, dass es das erste und größte Gebot und die wichtigste Pflicht im Leben ist, Gott mehr zu lieben als sich selbst, als andere Menschen und als alle materiellen Dinge.[8] Alle menschliche Liebe findet ihren angemessenen Platz und ihre Bestimmung im Leben nur, wenn die Liebe zum ewigen Schöpfergott an oberster Stelle steht. Irgendein Geschöpf oder einen materiellen Gegenstand mehr zu lieben als den Schöpfer, ist Götzendienst und eine Verzerrung der Liebe.

Das zweite Gebot der Liebe ist untrennbar mit dem ersten verbunden: »*Du sollst deinen Nächsten lieben wie dich selbst*« (Mt 22,39). Liebe zu Gott und zu dem Nächsten ist die Summe aller göttlichen Gebote, jeglichen ethischen Verhaltens, religiösen Dienstes und echter innerer Geistlichkeit. Die überragende Bedeutung dieser beiden Liebesgebote hob Jesus Christus selbst mit Nachdruck hervor:

> »*An diesen zwei Geboten hängt das ganze Gesetz und die Propheten.*« (Mt 22,40)
> »*Größer als diese ist kein anderes Gebot.*« (Mk 12,31)

Natürlich ist das Studium biblischer Liebe nicht auf einen kurzen Zeitraum begrenzt, sondern ein lebenslanger Lernprozess. Von Gottes Liebe zu Jesus Christus und seiner Liebe zu uns zu lernen, ist eine nie endende Aufgabe. Es ist eines der interessantesten und aufregendsten Themen in der ganzen Heiligen Schrift. Wenn Sie Ihre Gedanken mit dem Thema biblische Liebe füllen, werden Sie erkennen, was Gott von Ihnen will, und Sie werden in der Liebe wachsen. Außerdem werden Sie in der Lage sein, sich vor dem Verlust von Liebe zu schützen und andere besser zur Liebe anzuregen.

Nachdem Sie mit dem Bibelstudium zum Thema Liebe begonnen haben, ermutigen Sie andere, es Ihnen gleich zu tun. Gründen Sie eine kleine Gruppe und verwenden Sie die Fragen zum Selbststudium in Teil III dieses Buches. Wenn mehrere Geschwister in Ihrer Gemeinde zusammen über biblische Liebe nachdenken, fördert das den Geist der Liebe in Ihrer Gemeinde. Das Studium biblischer Liebe ist eine wichtige Möglichkeit, um »*nach der Liebe*« zu streben (1Kor 14,1) und einander »*zur Liebe und zu guten Werken anzureizen*« (Hebr 10,24).

2. Bete um Liebe

Das Thema Liebe anhand der Bibel zu studieren, ist eine Sache. Eine andere ist es, das Gelernte in die Praxis umzusetzen. Wir können viel von den Aposteln über Liebe lernen, wie sie das Ausüben der Liebe Christi in den ersten Gemeinden förderten. Den Aposteln war die Liebe ein weitaus größeres Anliegen als uns. Das Neue Testament zeigt uns, dass sie die Gläubigen *lehrten*, was Christus ihnen über Liebe gesagt und wie er es vorgelebt hatte; sie *ermahnten* ihre Leser, die Liebe Christi zu praktizieren; sie *lebten* den Bekehrten die Liebe Christi vor; sie *warnten* die Gläubigen davor, die Welt mehr zu lieben als Christus; und sie *beteten* für die Bekehrten, dass sie in der Liebe Christi wachsen. Wir werden uns jeden dieser Punkte anschauen, beginnend mit dem Gebet.

Ein Grund, weshalb wir in unseren Gemeinden so wenig Wachstum in der Liebe sehen, ist unser geringes Bemühen im Gebet. Von Natur aus sind wir egoistische Menschen, die einfach nicht so in der Liebe leben können wie Christus, zumindest nicht aus eigener Kraft. Wenn wir je so lieben wollen wie Christus, müssen wir um die Hilfe des Heiligen Geistes bitten. Ohne ausdauerndes Gebet kann es keine Erweckung der Liebe geben. Georg Müller, ein außerordentlicher Mann des Gebets, verstand die Notwendigkeit anhaltenden Gebets:

> »Der große Fehler der Kinder Gottes besteht darin, dass *sie nicht beständig beten, nicht im Gebet ausharren, nicht daran festhalten.* Wenn sie irgendetwas zur Ehre Gottes begehren, sollten sie so lange beten, bis sie es bekommen.«[9]

Das Neue Testament gibt Beispiele von Gebeten für Wachstum in der Liebe. Paulus betete beispielsweise, dass seine Bekehrten in der Erkenntnis der Liebe Gottes zu ihnen wachsen mögen, in der Erkenntnis der aufopfernden Liebe Christi am Kreuz und in ihrer Liebe zueinander und zu allen Menschen. Das Vorbild dieser Gebete ist lehrreich und herausfordernd für unser eigenes Gebetsleben.

Bete, um die Liebe Christi kennenzulernen

In einem der großartigsten Gebete im Neuen Testament betet Paulus, dass Gott Gläubige in der Kraft seines Heiligen Geistes befähigen möge, das unermessliche Wesen der Liebe Christi zu erfassen:

> *»Deshalb beuge ich meine Knie vor dem Vater, … er gebe euch … mit Kraft gestärkt zu werden durch seinen Geist an dem inneren Menschen; … damit ihr imstande seid, mit allen Heiligen völlig zu erfassen, was die Breite und Länge und Höhe und Tiefe ist, und zu erkennen die die Erkenntnis übersteigende Liebe des Christus«* (Eph 3,14-19).

Auch wenn wir beständig aufgerufen sind, »*die Erkenntnis übersteigende Liebe des Christus*« zu verstehen[12], müssen wir in unserem Leben immer wieder zu der großen Wahrheit zurückkehren: *Nicht wir haben Christus geliebt, sondern er hat uns zuerst geliebt und sein Leben für unsere Sünden am Kreuz gegeben.* Daher ist es eine lohnenswerte Aufgabe, fleißig dafür zu beten, die Liebe Christi, unseres Erlösers, besser kennenzulernen.[11]

Wenn wir die Liebe Christi kennen – nicht rein intellektuell, sondern durch persönliche Erfahrung – verändert sie unser Leben. C. T. Studd, Pioniermissionar in China, Indien und Afrika, verstand die Wahrheit der aufopfernden Liebe Christi und sagte darüber: »Wenn Jesus Christus Gott ist und für uns starb, kann keines meiner Opfer für ihn groß genug sein.«[12] Die Wahrheit der Liebe Christi veranlasste John Stott zu einem inspirierenden Bild: »Das Kreuz ist ein loderndes Feuer, an dem die Flamme unserer Liebe entfacht wird.«[13], und Marty Lloyd Jones schrieb:

> »Das Geheimnis der ersten Christen, der ersten Protestanten, Puritaner und Methodisten war, dass sie über die Liebe Christi belehrt und mit ihrer Erkenntnis erfüllt wurden. Hat ein Mensch erst einmal die Liebe Christi im Herzen, muss man ihn nicht zum Zeugnis drängen; er wird es von sich aus tun. Er kennt die Kraft, den Zwang, das Motiv; alles ist bereits in ihm.

Es ist eine glatte Lüge, dass Menschen, die diese Erkenntnis der Liebe Christi für das Allerhöchste halten, unnütze und schwärmerische Mystiker sind. Die Diener Gottes, die Leben und Geschichte der christlichen Gemeinde am meisten geziert haben, waren immer Menschen gewesen, die erkannten, dass dies das Wichtigste von allem war, und sie suchten seine Gegenwart stundenlang im Gebet und erfreuten sich an seiner Liebe. Der Mensch, der die Liebe Christi in seinem Herzen kennt, kann in einer Stunde mehr erreichen als eine viel beschäftigte Person in tausend Jahren. Gott bewahre, dass wir Aktivität jemals zu einem Ziel an sich machen. Lasst uns erkennen, dass an erster Stelle das Motiv steht, und dass dieses Motiv immer die Liebe Christi sein muss« (*The Unsearchable Riches of Christ*, 253).

Je mehr wir die aufopfernde Liebe Christi am Kreuz verstehen und schätzen lernen, desto größer wird unsere Liebe zu Gott und unserem Nächsten. Die Logik der Schrift lautet: »*Geliebte, wenn Gott uns so geliebt hat, sind auch wir schuldig, einander zu lieben. … Wir lieben, weil er uns zuerst geliebt hat*« (1Jo 4,11.19). Lasst uns also nicht aufhören, für ein tieferes Verständnis und eine größere Wertschätzung der aufopfernden Liebe Christi zu beten. Dies wird uns helfen, ihn mehr zu lieben.

Um die Liebe Christi mehr wert zu schätzen oder ihn mehr zu lieben, ist es eine gute Idee, sie in Liedern zu besingen. Viele geistliche Lieder über die Liebe Christi, die Liebe zu Christus oder zueinander können als Gebete gesungen werden. Singen Sie beispielsweise folgendes Lied als Gebet um mehr Liebe zu ihm:

Mehr Liebe zu dir, o Christus, mehr Liebe zu dir!
Höre mein Gebet
Auf Knien;
Meine ernste Bitte ist dies:
Mehr Liebe, o Christus, zu dir!
Mehr Liebe zu dir,
Mehr Liebe zu dir!

Einst nach irdischer Freude ich strebte,
Frieden und Ruhe ich suchte;
Nun allein dich ich suche –
Was das Beste ist, gebe du;
Allein das soll sein mein Gebet:
Mehr Liebe, o Christus, zu dir!
Mehr Liebe zu dir,
Mehr Liebe zu dir!

(*More Love to Thee* von Elizabeth Prentiss)

Es schenkt geistliche Kraft, von der Liebe Christi zu singen oder im Lied um mehr Liebe zu bitten. Warum sollten Sie nicht mehrere Ihrer Lieblingslieder über die Liebe zu Christus und seiner Liebe zu uns nehmen und sie als Gebete und als Unterstützung Ihrer Gebete verwenden? Wenn Sie den Rat des Psalmisten befolgen: »*Kommt vor sein Angesicht mit Singen*« (Ps 100,2; Übers. aus d. *English Standard Version* – A.d.Ü.), werden Sie entdecken, dass Singen eine enorme Hilfe zur Auffrischung Ihres Gebetslebens sein kann. Bald schon werden Sie mit dem Psalmisten sagen: »*Ich aber will singen von deiner Stärke und am Morgen jubelnd preisen deine Gnade*« (Ps 59,17).

Bete darum, andere mehr zu lieben

Liebe ist nicht statisch, sondern dynamisch. Liebe soll zu- und nicht abnehmen. Deshalb betete Paulus speziell dafür, dass seine Bekehrten nicht nur in der Liebe wachsen, sondern in der Liebe zueinander und zu allen Menschen überfließen:

> »*Euch aber lasse der Herr zunehmen und überreich werden in der Liebe zueinander und zu allen* [Menschen] – *wie auch wir euch gegenüber sind*« (1Thes 3,12).

> »*Und um dieses bete ich* [zu Gott]*, dass eure Liebe noch mehr und mehr überreich werde*« (Phil 1,9).

In ähnlicher Weise betete auch Judas für seine Leser:

> »*Liebe werde euch immer reichlicher zuteil!*« (Jud 2).

Diese vom Heiligen Geist inspirierten Gebete sind wunderbare Vorbilder für unsere Gebete für uns selbst und andere. Ein beständiges Wachstum in der Liebe unter Gläubigen zu sehen, war eine Freude für Paulus. Die neugegründete Gemeinde in Thessalonich war ein helles Leuchtfeuer christlicher Liebe. In dieser neuen Gemeinde finden wir auch ein Beispiel für *erste Liebe.* Dennoch fordert Paulus diese liebevollen Gläubigen auf, sich in der Liebe noch zu übertreffen: »*Wir ermahnen euch aber, Brüder, reichlicher zuzunehmen*« (1Thes 4,10). In seinem zweiten Brief an die Thessalonicher erkennt Paulus freudig an, dass »*die Liebe zueinander bei jedem Einzelnen von euch allen zunimmt*« (2Thes 1,3).

In ihrem Kommentar über 1. und 2. Thessalonicher erinnern uns W. E. Vine und C. F. Hogg:

»Der Christ sollte sich nicht mit dem Erreichten zufrieden geben, ganz gleich wie viel es sein mag, sondern sich stets nach dem vollkommenen Maßstab Christi ausstrecken.«[14]

Gläubige sollten in der Liebe zu anderen nie aufhören zu wachsen, weil Liebe eine Frucht des Heiligen Geistes ist und er reiche Frucht in uns hervorbringen will (Gal 5,22). Er möchte, dass wir wie Christus lieben. In der Gemeinde in Ephesus war die Frucht der Liebe jedoch zurückgegangen und lag im Sterben. Die Gläubigen waren in ihrer Liebe zu anderen selbstzufrieden und überheblich. Wann immer Christen aufhören, an der Frucht der Liebe zu arbeiten, oder meinen, genug Liebe zu haben, sind sie auf demselben Weg wie die Gemeinde in Ephesus. Sie wachsen nicht länger in der Liebe oder bringen die Frucht christlicher Liebe hervor.[15]

Wachstum in der Liebe geschieht nicht über Nacht. Von einem Prediger hörte ich einmal, wie er die unbegrenzte Kapazität der Liebe entdeckte. Als er in seinen Zwanzigern und noch ziemlich unreif war, bekamen er und seine Frau ihr erstes Kind. Er liebte sein neugeborenes Mädchen so sehr, dass er sich ein zweites Kind nicht vorstellen konnte. Er war ein absolut fürsorglicher Vater. Er trug ihr Bild mit sich und zeigte es jedem. Nach der Arbeit konnte er es nicht erwarten, nach Hause zu kommen, um sein kleines Baby zu sehen und es in den Armen zu halten. Er glaubte nicht, jemals einen Menschen mehr lieben zu können als dieses Baby. Er dachte, er hätte keine Liebe mehr zu verschenken.

Bald wünschte sich seine Frau ein zweites Kind. Er sagte: »Aber Schatz, ich habe keine Liebe mehr, die ich noch geben könnte. Ich habe meine ganze Liebe unserem kleinen Mädchen gegeben. Ich kann nicht mehr lieben!«

Doch Gott schenkte ihnen noch ein Kind und ein Jahr später bekamen sie einen wunderbaren kleinen Jungen. Schnell entdeckte der Vater, dass er das neue Baby ebenso liebte wie sein kleines Mädchen. Jetzt liebte er zwei Kinder gleichermaßen.

Nach etwa einem Jahr sagte seine Frau: »Wir sollten noch ein Kind bekommen.«

Wiederum wandte er ein: »Liebste, ich habe nicht mehr Liebe in mir. Ich liebe diese beiden Kinder mit all meiner Liebe. Mehr kann ich nicht geben.«

Aber Gott schenkte ihnen ein drittes Kind, einen weiteren Jungen. Als das dritte Kind zur Welt kam, erkannte der Vater, dass er reichlich Liebe hatte. Er liebte das dritte genauso, wie er die beiden anderen liebte. Schließlich verstand er, dass ihm die Liebe nicht ausging.

Das gilt auch für uns. Als Gläubige haben wir mit dem in uns wohnenden Heiligen Geist eine enorme Kapazität, alle Menschen zu lieben – selbst unsere Feinde und unliebenswerte oder unsympathische Personen. Wir haben die Kraft, so wie Jesus zu lieben und in unserem ganzen Leben an Liebe zuzunehmen. Der Bibelausleger William Hendriksen bringt dieses Prinzip gut zum Ausdruck: Es »ist das Wesen der Liebe … überzufließen.«[16]

Wir alle müssen jedoch zugeben, dass Wachstum in der Liebe ein Kampf ist. »Die besten Gläubigen«, schreibt Maurice Roberts, »haben den Eindruck, nur langsame, schwache Fortschritte zu machen.«[17] Aus diesem Grund müssen wir ständig um Gottes Hilfe bitten. Paulus sagt, die thessalonischen Gläubigen wurden *»von Gott selbst gelehrt«* (1Thes 4,9). Er, der die Quelle der Liebe ist, ist auch der beste Lehrer in der Liebe, und seinem Heiligen Geist hat er das einzigartige Werk übertragen, Liebe in uns zu wecken.[18]

Nimmt Ihre Liebe zu und fließt sie über? Oder

schrumpft und stirbt Ihre Liebe? Je mehr wir erkennen, wie egoistisch wir von Natur aus sind, desto mehr wird uns bewusst, dass wir Gott um Hilfe bitten müssen. Je mehr wir Gottes Forderungen der Liebe verstehen, desto mehr sehen wir die Notwendigkeit, um ein gehorsames, freudiges Herz zu beten. Je mehr uns klar wird, wie wenig wir Christus und andere Menschen lieben, desto mehr erkennen wir, dass wir um mehr Liebe beten müssen. Bitten Sie Gott, Ihr Lehrer zu sein. Bitten Sie ihn, Ihnen beizubringen, wie Sie in der Liebe wachsen und zunehmen können. Bitten Sie ohne nachzulassen!

Unser Kampf gegen ein egoistisches Leben verlangt regelmäßiges Bekenntnis unserer Sünden und Gebet. Das Gebet gehört zu den Hauptmitteln, durch die Gott in uns wirkt und seine Absichten in unserem Leben erreicht. Nur durch Gebet und die Gnade des Herrn können wir in der Liebe wachsen und überfließen und unser egoistisches Leben besiegen. Wir sollten uns die ernsten Worte von Maurice Roberts zu Herzen nehmen und ins Gebet gehen:

> »Jeder Christ sollte die Verpflichtung zu christlicher Liebe mit zehnfacher Ernsthaftigkeit aufnehmen. Unser Lebenswerk muss es sein, die Hilfe des Himmels herbei zu rufen, damit wir das große Gebot, einander zu lieben, erfüllen können.«[19]

Beten stärkt Liebesbeziehungen

Kommunikation ist für jede gute Beziehung wichtig. Geliebten Menschen wollen wir nahe sein und mit ihnen reden. Distanz und lückenhafte Kommunikation hingegen schaden jeder Beziehung. Das gilt nicht nur für unsere menschlichen Beziehungen, sondern ebenso für unsere Liebesbeziehung zu Gott.

Niemand genoss jemals eine so vertraute Beziehung zu

Gott wie Jesus Christus, und er war vor allem ein Mann des Gebets. In gleicher Weise stärkt die Zeit, die wir im Gebet verbringen, unsere Liebesbeziehung zu unserem himmlischen Vater. Durch das Gebet nähern wir uns Gott und treten in seine Gegenwart – das ist es, was er sich am meisten wünscht (Hebr 4,16; 10,19). Wenn Sie Ihre Liebesbeziehung zu Gott also festigen wollen, müssen Sie seine Gegenwart aufsuchen, zu seinem Lob singen, sein Wort lesen und zu ihm beten.

Liebe zu Gott fließt auf natürliche Weise in Liebe zu anderen über. Eine Möglichkeit, unsere Liebe zu anderen zum Ausdruck zu bringen, ist die Fürbitte für sie. Paulus liebte seine Bekehrten und betete für sie Tag und Nacht. Jesus liebte seine Jünger und betete für sie (Joh 17). Auch jetzt betet er noch für sein Volk.[20] Die Bibel sagt uns, wir sollen Liebe zu unseren Feinden ausdrücken, indem wir für sie beten (Mt 5,44). Somit ist das Gebet ein Akt »*ungeheuchelter Liebe*« (Röm 12,9.12). Ein Mensch, der in der Liebe wächst, ist ein Mensch, der Gott für die Bedürfnisse anderer bittet, und ein Mensch, der für andere bittet, ist ein Mensch, der in der Liebe wächst.

Ich kann Sie nicht genug ermutigen, das Gebet um Liebe zu einem regelmäßigen Bestandteil Ihres Gebetslebens zu machen. Beten Sie um die zunehmende Erkenntnis der Liebe Gottes in Christus. Beten Sie, andere mehr lieben zu können. Beten Sie mit anderen für Wachstum in der Liebe. Beten Sie in Ihrer gemeindlichen Gebetsstunde oder in Ihrem kleinen Hauskreis um mehr Liebe zu Christus und zur verlorenen, leidenden Welt. Während Sie beten, möge »*der Herr* [Sie] *zunehmen und überreich werden* [lassen] *in der Liebe zueinander und zu allen*« (1Thes 3,12).

3. Lehre über die Liebe

Während seines öffentlichen Dienstes auf der Erde lehrte Jesus seine Nachfolger bewegende neue Wahrheiten über die Liebe.[21] Und in den letzten Stunden vor seinem Tod, beim letzten Abendmahl, offenbarte Jesus einige seiner tiefgründigsten Lehren über die Liebe.[22] Er wusste, dass seine Jünger lernen mussten, einander so zu lieben, wie er sie geliebt hatte, wenn sie in der Welt ohne ihn überleben und ihn repräsentieren sollten.

Seinem Beispiel folgend hielten es die Apostel für notwendig, die ersten Gemeinden über Liebe zu belehren und sie darin zu ermahnen. Sie beteten ernsthaft, dass die Bekehrten in der Liebe wachsen, und lehrten sie, ihr Leben nach dem Vorbild der Liebe Christi zu führen (Eph 5,2). Die neutestamentlichen Briefe sind voll inspirierender Belehrungen und herausfordernder Ermahnungen über Liebe.

Heutige Gläubige müssen ebenfalls belehrt werden, wie man liebt. Wie zu neutestamentlichen Zeiten brauchen auch wir regelmäßige Belehrungen über die biblischen Prinzipien der Liebe. Wir benötigen die Hingabe an die Lehre und den Gehorsam gegenüber dem ganzen Ratschluss Gottes über Liebe. Wir müssen aufgefordert werden, Liebe zu praktizieren, nicht nur über sie zu reden. Wir haben es nötig, über wichtige Abschnitte des Neuen Testamentes bezüglich der Liebe belehrt zu werden.[23] Diese biblischen Anweisungen verbessern das liebevolle Zusammenleben in unseren örtlichen Gemeinden entscheidend. Daher bitte ich Sie, über die folgenden Themen nachzudenken, die gelehrt werden müssen, um das Wachstum der Liebe in unseren Gemeinden zu fördern.

Fünfzehn Merkmale der Liebe

Häufig singen und sprechen Menschen über Liebe, ohne zu erklären, was sie mit Liebe meinen. Einer der populärsten Songs der 1960er war *All You Need Is Love* von den Beatles. Das Wort *Liebe* wird im ganzen Lied 39 Mal wiederholt und der Titel *All you need is love* 12 Mal. Dieser eingängige Song bringt es auf den Punkt: Wir alle brauchen Liebe. Leider sagt er uns nicht, was Liebe ist oder warum wir sie nötig haben. Aber in der Bibel teilt uns Gott die Wahrheit über Liebe mit, und genau das müssen die Menschen hören.

In einer Zeit biblischen Analphabetentums müssen Christen die Wahrheit über Liebe kennen. Gläubige müssen die fünfzehn Merkmale der Liebe in 1. Korinther 13 gelehrt bekommen, dem großen neutestamentlichen Kapitel der Liebe. Vor Kurzem hielt ich in einem anderen Land mehrere Predigten über 1. Korinther 13,4-7. Als ich fertig war, kam ein älterer, ehemals bekannter Prediger dieses Landes zu mir und sagte, er habe noch nie eine Predigtreihe über die fünfzehn Merkmale der Liebe gehört. Angesichts der lebenswichtigen Bedeutung von Liebe und der Notwendigkeit zu wissen, was Liebe ist, empfand er den Mangel an Belehrungen zu diesem Thema als ein schreckliches Versäumnis seinerseits und von anderen Predigern.

Gott allerdings hat nicht übersehen, wie wichtig die Lehre über Liebe ist. Obgleich die Bibel keine formale Definition von Liebe liefert wie ein Wörterbuch, beschreibt sie detailliert, was Liebe tut und was nicht (1Kor 13,4-7). Zudem enthält sie das vollkommene Liebesopfer Christi für andere und seinen liebevollen Gehorsam gegenüber dem Vater als eine Beschreibung der Liebe.

Die Merkmale der Liebe in 1. Korinther 13 geben uns einen objektiven Maßstab für Liebe. Der biblische

Maßstab prüft unsere Vorstellungen von Liebe und unterweist uns, wie wir uns in liebevoller Weise in Ehe, Gemeinde und Gesellschaft verhalten sollen. Die fünfzehn Prinzipien der Liebe können folgendermaßen zusammengefasst werden:

Liebe ist
1. langmütig
2. gütig

Liebe
3. neidet nicht (sie freut sich an den Segnungen anderer)
4. tut nicht groß (sie fördert und lobt andere)
5. bläht sich nicht auf (sie ist demütig und bescheiden)
6. benimmt sich nicht unanständig (sie ist anständig)
7. sucht nicht das Ihre (sie sucht das Wohl anderer)
8. lässt sich nicht erbittern (sie ist langsam zum Zorn)
9. rechnet Böses nicht zu (sie vergibt)
10. freut sich nicht über die Ungerechtigkeit, sondern
11. freut sich mit der Wahrheit

Liebe
12. erträgt alles
13. glaubt alles
14. hofft alles
15. erduldet alles

Das Verständnis dieser Liebesprinzipien und ihre Umsetzung in die Praxis ist so wichtig, dass ich bei jeder Trauung dem jungen Paar an seinem Hochzeitstag einen Auftrag gebe! Ich bitte sie, die fünfzehn Merkmale der Liebe in den ersten fünfzehn Wochen ihrer Ehe zu studieren. Jede Woche sollen sie sich eines der Merkmale herausgreifen, es sich anhand der Bibel erarbeiten, auswendig lernen, darüber nachdenken und dann Möglichkeiten diskutieren, wie sie jede positive Tugend der Liebe umsetzen und das negative Gegenteil (die Fallen des Egoismus) vermeiden können. Dieser Auftrag, der ihr Verständnis von echter, biblischer Liebe erweitert, kann jedem von Nutzen sein – Ehepaaren und Singles gleichermaßen.

Liebe im christlichen Leben

In einer Gesellschaft, die Selbstverwirklichung, radikalen Individualismus, persönliche Rechte, Freiheit und Privatsphäre vergöttert, müssen Gläubige immer wieder an ihre Pflicht erinnert werden: Gott über alles und jeden zu lieben. Gläubige brauchen praktische, biblische Belehrung über Liebe, wie Gott sie sieht, und wie sie lieben sollen. Als Reaktion auf seine Liebe müssen wir verstehen, wie wir Gott lieben und ihm gehorchen sollen.[24]

Christen müssen belehrt werden, dass das christliche Leben von der vollkommenen, sich selbst hingebenden Liebe Christi gekennzeichnet sein soll: »*Wandelt in Liebe, wie auch der Christus uns geliebt und sich selbst für uns hingegeben hat*« (Eph 5,2). Unser tägliches Leben in der Liebe soll nach der teuren, aufopfernden Liebe Christi für andere gestaltet werden: »*Hieran haben wir die Liebe erkannt, dass er für uns sein Leben hingegeben hat; auch wir sind schuldig, für die Brüder das Leben hinzugeben*« (1Jo 3,16).

Es lohnt sich ein weiterer Blick auf John Eadies Verständnis von einem Leben in der Liebe:

> »›Wandelt in Liebe.‹ Jeder Schritt sollte in der Liebe gegangen werden. Der ganze Stil und Lauf des Lebens sollte durch Liebe gekennzeichnet sein – nicht nur am Sonntag, sondern an jedem Tag; nicht nur im Heiligtum, sondern Zuhause, bei der Arbeit …«[25]

Und Benjamin B. Warfield erfasst treffend die tiefgreifende Wahrheit des christlichen Lebens in der Liebe: »Hingebungsvolle Liebe ist der Kern des christlichen Lebens.«[26]

Daher sollte das christliche Leben vom Gehorsam gegenüber dem Wort Gottes und einem aufopfernden Dienst zum Wohl anderer bestimmt sein. J. I. Packer liefert uns eine großartige Zusammenfassung der Liebe und des christlichen Lebens:

> »Maßstab und Prüfstein unserer Liebe zu Gott ist ein uneingeschränkter Gehorsam von ganzem Herzen. … Maßstab und Prüfstein der Liebe zu unseren Nächsten ist es, unser Leben für sie zu geben. … Diese aufopfernde Liebe beinhaltet, dass wir uns zu ihrem Wohlergehen bis an unsere Grenzen selbst geben, verausgaben und arm werden.«[27]

Diese Art christlichen Lebens will Gott bei uns sehen. Auf diese Weise ahmen wir unseren himmlischen Vater und die Liebe seines Sohnes nach:

> *»Seid nun Nachahmer Gottes als geliebte Kinder! Und wandelt in Liebe, wie auch der Christus uns geliebt und sich selbst für uns hingegeben hat als Opfergabe und Schlachtopfer, Gott zu einem duftenden Wohlgeruch!«* (Eph 5,1-2).

Liebe im christlichen Zuhause

Da immer mehr christliche Familien auseinanderbrechen und Eheleute sich scheiden lassen, müssen wir die zentrale Bedeutung aufopfernder Liebe in christlichen Ehen und Häusern lehren. Die Schrift fordert von Ehemännern: *»Liebt eure Frauen! wie auch der Christus die Gemeinde geliebt und sich selbst für sie hingegeben hat«* (Eph 5,25; Kol 3,19), und älteren Frauen sagt sie, sie sollen *»die jungen Frauen unter-*

weisen, ihre Männer zu lieben, ihre Kinder zu lieben« (Tit 2,4). Wir müssen deutlich lehren, dass der Maßstab der Liebe, den Gott an christliche Ehemänner anlegt, nichts Geringeres ist als die absolute, sich selbst hingebende Liebe Christi. *Folglich sollte sich das christliche Zuhause durch die selbstlose, sich hingebende Liebe Christi auszeichnen – eine Liebe, die vom Ehemann ausgeht.*

Zwei Missionare reisten zu einer Gemeinde auf einer einsamen Pazifikinsel, um die Gläubigen zu belehren und zu ermutigen. Bei ihrer Ankunft wurden sie von den Ältesten der örtlichen Gemeinde gebeten, über die Unterordnung der Frau und angemessene weibliche Kleidung zu predigen. Da sie die Gemeinde gut kannten, schlugen die Missionare stattdessen vor: »Wir werden die Männer belehren, ihre Frauen so zu lieben, wie Christus die Gemeinde liebte und sich selbst für sie hingab.«

Obschon die Ältesten die Notwendigkeit für eine solche Belehrung zunächst nicht erkannten, vertrauten sie dem Urteil der Missionare und verstanden bald darauf ihr weises Vorgehen, zuerst die Männer zu unterweisen, ihre Frauen zu lieben, wie Christus die Gemeinde liebte und sich selbst für sie hingab. Männlicher Egoismus (entweder durch dominantes Verhalten oder durch Passivität) ist oftmals das Hauptproblem in der Ehe. Nach Gottes Plan soll die aufopfernde, sich selbst hingebende Liebe Christi in der Beziehung des Ehemannes zu seiner Frau sichtbar werden, um dann die ganze Atmosphäre des christlichen Zuhauses zu erfüllen.

Die Ehe bietet Möglichkeiten, jeden Tag christusähnliche Liebe zu praktizieren (Eph 5,25-33). Sie zeigt uns, wie sehr wir auf uns selbst gerichtet sind und wie nötig wir es haben, in christusähnlicher Liebe zu wachsen. Das Zuhause ist das beste Versuchsfeld für die in 1. Korinther 13,4-7 beschriebene Art von Liebe. Tragischerweise zeigen einige Gläubige anderen Personen in der Gemeinde oder in der Nachbarschaft reichlich Liebe, aber versagen bei ihren Ehepartnern und Kindern. Das sollte nicht so sein. Liebe beginnt zu Hause. Deshalb möchte ich Sie ermutigen, sich dem (erfolgreichen) Beispiel einiger Ehemänner und -frauen anzuschließen: Beten Sie vor allem um mehr christusähnliche Liebe zu Ihrem Ehepartner und Ihren Kindern.

Liebe in der örtlichen Gemeindefamilie

Die örtliche Gemeinde ist eine von Gott geschaffene Familie, in der wir lernen, wie Christus zu lieben. Sie sollte eine eng verbundene Familie von Brüdern und Schwestern sein, die sich dazu verpflichtet haben, Gottes Liebe in der Liebe und Fürsorge füreinander sichtbar zu machen. Der Maßstab der Liebe für die örtliche Gemeinde wird am besten von Johannes erklärt: »*Hieran haben wir die Liebe erkannt, dass er für uns sein Leben hingegeben hat; auch wir sind schuldig, für die Brüder das Leben hinzugeben*« (1Jo 3,16).

Gläubige können sich nicht gegenseitig in der Liebe ermutigen, wenn sie nicht regelmäßig als Gemeindefamilie zusammenkommen. Aus diesem Grund fordert der Schreiber des Hebräerbriefes seine Leser auf, nach Wegen zu suchen, sich gegenseitig »*zur Liebe und zu guten Werken anzureizen*«[28], und ermahnt sie, das »*Zusammenkommen nicht* [zu] *versäumen, wie es bei einigen Sitte ist*« (Hebr 10,25). Unser Wachstum in der Liebe ist keine individuelle Sache. Liebe braucht sowohl ein Subjekt als auch ein Objekt; daher ist Liebe eine gemeinsame Lernerfahrung. Nur zusammen mit anderen Menschen wachsen wir in der Liebe, nicht getrennt von ihnen.

Christen können keine Liebe entwickeln, wenn sie zu Hause auf dem Sofa sitzen und dem Fernsehprediger zuschauen oder einmal in der Woche für eine Stunde den

Gottesdienst besuchen. Nur wenn wir am »*Hause Gottes*«, der örtlichen Gemeinde, mit all unseren Schwächen und Fehlern teilhaben (1Tim 3,15), kann Liebe gelehrt, vorgelebt, gelernt, geprüft und praktiziert werden sowie heranreifen. Durch schmerzliche Auseinandersetzungen, vergebene Verletzungen und Ungerechtigkeiten, den Umgang mit schwierigen Personen, Heilung von entfremdeten Beziehungen und die Unterstützung bedürftiger Gläubiger wird unsere Liebe geprüft und reift heran.

Ohne die Spannungen und Belastungen im Zusammenleben der örtlichen Gemeinde, dem Haus Gottes, kann man einfach nicht in der Liebe wachsen. Die örtliche Gemeinde ist »eine geistliche Werkstatt zur Entwicklung von Agape-Liebe« und »eines der besten Laboratorien, in dem einzelne Gläubige ihre wahre geistliche Leere entdecken und in der Agape-Liebe wachsen können.«[29] Wenn Sie nicht am Leben Ihrer örtlichen Gemeinde teilnehmen, befinden Sie sich nicht in der Schule der Liebe Gottes.

Liebe und der Leib der örtlichen Gemeinde

Gläubige müssen zudem belehrt werden, dass die Verantwortung für ihr Wachstum als Gemeinde in der Liebe (oder für den Verlust der Liebe) nicht nur bei den Ältesten liegt; es ist die Verantwortung jedes einzelnen Gläubigen in der Gemeindefamilie. Wenn der Schreiber des Hebräerbriefes sagt: »*Lasst uns aufeinander achthaben, um uns zur Liebe und zu guten Werken anzureizen*« (Hebr 10,24), spricht er die ganze Gemeinschaft der Gläubigen an. Alle biblischen Gebote, einander zu lieben, sind an die gesamte Gemeinde gerichtet, nicht nur an ein paar wichtige Führungspersonen. Aus der Sicht der neutestamentlichen Verfasser ist jeder aus der Gemeinschaft der Gläubigen dafür verantwortlich, füreinander zu beten, zu sorgen, einander zu ermutigen, zu ermahnen, zu dienen, zu belehren und die anderen aufzuerbauen.[30] Die Heilige Schrift lehrt uns, dass alle Gläubigen Priester, Heilige und Diener Gottes sind.

Um dieser großen Aufgabe gerecht zu werden, hat Gott jedem einzelnen Gläubigen eine geistliche Gabe gegeben, die er zur Auferbauung des Leibes Christi einsetzen soll.[31] Jeder Gläubige wurde von Christus bevollmächtigt, dem Leib Christi zu dienen, und jeder hat seine Aufgabe im Zusammenleben der Gemeinde. Die Gemeinde wächst nur dann richtig, wenn alle aktiv zum Wachstum des Leibes beitragen. Auf diese Weise sind alle Gläubigen am Auferbauungsprozess der Gemeinde beteiligt.

Wie die Bibel nur allzu deutlich macht, müssen alle Gaben und Dienste im Leib »*in Liebe*« ausgeübt werden, damit die Gemeinde auf gesunde Weise wachsen kann (Eph 4,16).[32] Liebe ist somit ein unentbehrliches Element der Gaben, Dienste und Beziehungen aller Gläubigen im Leib Christi. Warten Sie also nicht auf Menschen, von denen Sie geliebt werden; beginnen Sie vielmehr damit, andere zu lieben und ihnen zu dienen. Ich bitte Sie, dem Beispiel von Robert Cleaver Chapman zu folgen, der sagte: »Meine Aufgabe ist es, andere zu lieben, nicht danach zu streben, dass andere mich lieben.«[33] In die Praxis umgesetzt, bedeutet das Prinzip der Liebe: »*Alles nun, was ihr wollt, dass euch die Menschen tun sollen, das tut ihr ihnen auch!*« (Mt 7,12). Versäumen Sie nicht Ihrer Verantwortung nachzukommen, andere zu lieben und sie zur Liebe anzureizen.

Liebe zu allen Menschen

Viele Christen halten sich irrtümlicherweise für liebevolle Menschen, nur weil sie ihre christlichen Freunde und Verwandten lieben. Sie lieben die Personen, die einer Meinung mit ihnen sind und zu ihrem Gemeinschaftskreis gehören, doch wenn ihnen jemand widerspricht oder die Gemeinde verlässt, hören sie auf, ihn zu lieben und greifen ihn an. Jonathan Edwards beschreibt solche Christen folgendermaßen:

> »Sie sind voll herzlicher Zuneigung für ein paar, und voller Bitterkeit für andere. Sie sind mit ihrer Gruppe verwachsen, die mit ihnen übereinstimmt, sie liebt und sie bewundert; aber denjenigen, von denen sie abgelehnt und nicht gemocht werden, stellen sie sich entschlossen entgegen.«[34]

Diese Art Liebe ist nicht die christliche Liebe. Jesus lehrte, es sei nichts Ungewöhnliches, wenn wir die lieben, die uns lieben. Es ist die ganz natürliche Liebe für freundliche und angenehme Menschen, aber Jesus sagt:

> *»Und wenn ihr liebt, die euch lieben, was für einen Dank habt ihr? Denn auch die Sünder lieben, die sie lieben«* (Lk 6,32).

> *»Denn wenn ihr liebt, die euch lieben, welchen Lohn habt ihr? Tun nicht auch die Zöllner dasselbe? Und wenn ihr allein eure Brüder grüßt, was tut ihr Besonderes? Tun nicht auch die von den Nationen dasselbe?«* (Mt 5,46-47).

Christus erwartet von seinen Nachfolgern eine übernatürliche, göttliche Liebe, die vergibt, versöhnt und nachsichtig ist – mit unliebenswerten Personen, mit denen, die uns verfolgen und hassen, mit denen außerhalb unseres gemeindlichen Freundeskreises, mit denen, die nicht unserer Meinung sind, und mit allen Menschen auf der Welt. Unser himmlischer Vater zeigt diese Liebe, zu der uns Jesus aufruft.

Lehren Sie Gottes Prinzipien der Liebe

Um Liebe zu pflegen und Einstellungen und Verhaltensweisen von Menschen zu verändern, ist Unterweisung wichtig. Wenn Sie wollen, dass Ihre örtliche Gemeinde eine liebevolle, fürsorgliche, christusähnliche Gemeinschaft wird, müssen Sie das ganze Spektrum der Prinzipien der Liebe Gottes lehren. Wenn Sie Ihrer Gemeinde das Bild einer christusähnlichen, liebevollen Gemeinschaft vorstellen wollen, dann sprechen Sie häufig über Liebe. Warnen Sie vor den Gefahren einer erkaltenden Liebe. Lehren Sie die Wahrheit des Wortes Gottes und legen Sie den Gläubigen die Prinzipien der Liebe dar.

Eine Einzelperson oder eine Gruppe in der Gemeinde muss die Verantwortung dafür übernehmen, Predigten über die biblischen Prinzipien der Liebe zu planen, ansonsten wird nichts draus. Um dies zu verwirklichen, widmete eine mir bekannte Gemeinde der Belehrung über die Liebe vier Sommermonate. Sie nannten ihr Programm »Sommer der Liebe« und lehrten die wesentlichen neutestamentlichen Stellen über Liebe. Einen vollen Monat hatten sie 1. Korinther 13,4-7 als Lehrthema. Als einzelne Gläubige auf Gottes Wort reagierten, veränderte sich die Atmosphäre in der Gemeinde. Es ist sehr aufregend, eine Erweckung der Liebe innerhalb einer Gemeinde mitzuerleben! Mögen wir dem Vorbild Christi und dem der Apostel treu bleiben und den *»weit vortrefflicheren Weg«* der Liebe lehren (1Kor 12,31).

4. Sei ein Vorbild in der Liebe

Unser Herr war kein abstrakter Theologe, der in einem Lehrsaal über die hohen Tugenden der Liebe dozierte. Die Heilige Schrift sagt über Jesus, dass er *»umherging und* *wohltat«* (Apg 10,38). Er heilte die Kranken, speiste die Volksmengen und predigte den Armen das Evangelium. In seiner freundlichen, tätigen Barmherzigkeit verausgabte er sich für bedürftige Menschen. Er war in jeder Hinsicht ein Vorbild für Liebe. Und nachdem er demütig und liebevoll die Füße seiner Jünger gewaschen hatte, sagte er: »*Denn ich habe euch ein Beispiel gegeben, dass auch ihr tut, wie ich euch getan habe*« (Joh 13,15).

Gott hat uns so geschaffen, dass wir, von der Kindheit bis ins Erwachsenenalter, andere Menschen nachahmen (möglicherweise mehr, als wir uns eingestehen wollen!). Da Nachahmung eine grundsätzliche Lernmethode ist, ist es wichtig, dass wir nicht nur lehren, was die Bibel über Liebe sagt, sondern sie auch vorleben. Aus diesem Grund lebten die Apostel die Liebe Christi vor, und Paulus forderte alle Gläubigen auf, »*Nachahmer Gottes*« zu sein und ein Leben in der Liebe zu führen so wie sein Sohn, Jesus Christus (Eph 5,1-2).

Durch unser Beispiel ermutigen wir andere zur Liebe, und wir lernen am meisten über Liebe, wenn wir sie im Leben anderer Menschen sehen. Paulus gab der Gemeinde in Korinth ein dringend benötigtes Beispiel christusähnlicher Liebe, das sie erkennen und nachahmen konnten.[35] Ohne Stolz und Rühmen konnte er daher den Gläubigen in Korinth sagen: »*Seid meine Nachahmer, wie auch ich Christi Nachahmer bin!*« (1Kor 11,1). Aus demselben Grund lobt Paulus Timotheus, weil er seinem Beispiel der Liebe folgte (2Tim 3,10), und fordert ihn auf, anderen ein Beispiel für Liebe zu sein (1Tim 4,12).

Da Gott weiß, wie wichtig Vorbilder für uns sind, hält er in seinem Wort viele inspirierende Beispiele bereit, von denen wir lernen können, ein Leben in der Liebe zu führen. Eines dieser Beispiele ist König David.

Ein biblisches Vorbild für Liebe

Wenn ein frisch gewählter Präsident oder Premierminister sein Amt antritt, zeigen seine ersten Erklärungen oder öffentlichen Handlungen symbolisch die Prioritäten und die Agenda der neuen Regierung. In einem Land versprach beispielsweise ein neu gewählter Premierminister in einer öffentlichen Erklärung, das Recht auf Abtreibung zu schützen, während in einem anderen Land ein neuer Regierungschef für die Nation betete. In einer Gemeinde versprach ein Pastor an seinem ersten Sonntagmorgen, den besten Jugendpastor einzustellen, der mit Geld zu bekommen ist, während der Pastor einer anderen Gemeinde seine erste Predigt über das Kreuz Christi hielt und mit den Gläubigen das Mahl des Herrn beging. In jedem Fall offenbarten sie ihre Prioritäten durch ihre ersten Amtshandlungen und öffentlichen Ankündigungen.

Im Alten Testament sticht König David als Vorbild der Liebe zu Gott hervor. Was gehörte zu seinen ersten Amtshandlungen? Kurz nachdem er König von Israel geworden war (2Sam 5,1-5), errichtete er einen Ort für Gottes Bundeslade in Jerusalem.[36] Zusammen mit unzähligen Anbetern, Priestern und Leviten feierte David die Überführung der Bundeslade Gottes nach Jerusalem:

> *»Und ganz Israel brachte die Lade des Bundes des* HERRN *hinauf mit Jauchzen und mit Hörnerschall und mit Trompeten und mit Zimbeln, musizierend mit Harfen und Zithern. [...] Und David tanzte mit aller Kraft vor dem* HERRN *...«* (1Chr 15,27-28; 2Sam 6,13-14).

Dass er zu Amtsbeginn die Bundeslade nach Jerusalem brachte, offenbarte seine höchsten Prioritäten: Liebe zu Gott, Gottes Anbetung und Liebe zu Gottes Gesetz.

Die Bundeslade Gottes war der heiligste Gegenstand

bei der israelitischen Anbetung. Sie symbolisierte die Gegenwart des HERRN (JHWH), des Gottes Israels. Fast hundert Jahre wurde die Bundeslade weitgehend vernachlässigt. Saul, Israels erster König, kümmerte sich weder um Gottes Bundeslade noch um das geistliche Wohlergehen des Volkes (1Chr 13,3). Doch als David König wurde, sehnte er sich danach, dass Gott inmitten seines Volkes war, und er machte Gottes Anbetung zur obersten Priorität. Daher wollte David der Bundeslade einen festen Platz in Jerusalem geben.

David brachte die Bundeslade nicht nur nach Jerusalem, er erfüllte die Stadt auch mit Musik und Lobliedern. Er erkannte die Priester und Leviten an und setzte sie in den Dienst und die Anbetung des Herrn ein. Er ernannte Tempelmusiker und Sänger, die *»die Stimme mit Freude erhoben«* (1Chr 15,16). Die Stadt dröhnte förmlich vom Lob Gottes (1Chr 15–16). Davids beispielhafte Liebe zu Gott brachte Israel eine geistliche Erweckung und Erneuerung.

Zudem drückte David seine Liebe in vielen Gedichten und Anbetungsliedern aus. Sein Lob sprudelt vor lauter Freude über. Seine Psalmen sind mehr als nur private Gedanken; sie wurden vom Heiligen Geist inspiriert, um sowohl die private als auch die öffentliche Anbetung des Volkes Gottes zu unterstützen – in gesungener und gelesener Form. Davids Leben und seine Psalmen sind Inspiration und Bereicherung zur Förderung einer tieferen Liebe zu Gott.

Christliche Biographien

Außer den nachahmenswerten Beispielen von biblischen Glaubenshelden (Hebr 11) gibt es viele christliche Biographien, die uns ebenfalls beim Wachstum in der Liebe helfen können. Im Zentrum christlicher Biographien steht die Botschaft der Liebe zu Gott und Mensch. Daher sollten wir gute christliche Biographien lesen und an andere weitergeben – besonders an junge Leute.

Als Jugendlicher arbeitete ich in einem Sommerbibellager. Dort sollte ich einige Biographien lesen. Die ersten beiden handelten von Hudson Taylor, dem Gründer der China Inlandmission (heute Überseeische Missionsgemeinschaft), und Georg Müller, Gründer der *Ashley Down Waisenhäuser* in Bristol, England.[37] Absolute Hingabe an Gott, Liebe zu den Verlorenen sowie die aufopfernde Lebensweise dieser beiden Männer sind mir heute als ein Zeugnis christlicher Liebe in Erinnerung geblieben. Ihr Beispiel hatte nicht nur einen starken Einfluss auf mein Leben, sondern auch auf das vieler anderer. Ich entdeckte mit Staunen, dass viele herausragende Männer und Frauen Gottes durch das Lesen der Biographien von Müller und Taylor verändert wurden – Leute wie Amy Carmichael, Jim Elliot, Luis Palau, Billy und Ruth Graham, Francis und Edith Schaeffer.

Zwei weitere Biographien, die vor allem mein Denken über Liebe beeinflussten, sind *L'Abri* und *Brother Indeed.*

L'Abri ist die Geschichte von Francis und Edith Schaeffer, die ihr Haus in dem Schweizer Bergdorf Huemoz für Studenten und von Not geplagte Menschen aus aller Welt öffneten, die Antworten auf die großen philosophischen und theologischen Fragen des Lebens suchten.[38] Die Schaeffers hatten beobachtet, wie Gemeinden für die biblische Lehre kämpften, es ihnen aber an sichtbarer Liebe fehlte. Daher versuchten sie in *L'Abri*, die biblisch-historische christliche Lehre mit einer erfahrbaren, liebevollen christlichen Gemeinschaft zu verknüpfen. Ein Hauptthema im Leben der Schaeffers war praktische, sichtbare Liebe – Gottes übernatürliche Liebe im alltäglichen Leben von Christen des 20. Jahrhunderts.[39]

Die andere Biographie, die meine Sicht von Liebe erhellte, war *Brother Indeed*, die Lebensgeschichte von Robert C. Chapman.[40] Er gab seinen Anwaltsberuf in London auf und wurde Pastor einer kleinen Baptistengemeinde in Barnstaple, England. Vor seiner Ankunft hatte diese streitlustige, kleine Gemeinde drei Pastoren in achtzehn Monaten verbraucht. Die Geschichte, wie Chapman diese kämpferische Gemeinde durch seine Liebe, Geduld und biblische Belehrung völlig veränderte, ist ein inspirierendes Zeugnis für liebevolle Leiterschaft. Gegen Ende seines Lebens, im Alter von 99 Jahren, war Chapman für seine liebevolle Art und seine Weisheit so bekannt, dass ein an »R. C. Chapman, Universität der Liebe, England« adressierter Brief aus dem Ausland richtig zugestellt wurde. Möge es unser Gebet sein, dass unsere Gemeinden als »Universitäten der Liebe« bekannt werden.

Örtliche Gemeindeleiter

Biographien sind gut, aber die Menschen brauchen auch Vorbilder der Liebe, die sie in ihrem eigenen Haus und in ihrer Gemeinde sehen und hören können. Das, was Gemeinden heute am nötigsten haben, sind lebende Vorbilder von christusähnlicher Liebe. Eine Gemeinde ist wirklich gesegnet, wenn Männer sie leiten, die Liebe zu Gott und Menschen vorleben. Solche Leiter lieben es, Gott anzubeten und zu seinem Lob zu singen. Sie beten treu für die Menschen, besuchen die Kranken, kümmern sich um die Bedürftigen, verbreiten das Evangelium, lehren Gottes Wort und opfern großzügig Zeit und Geld für andere.

Älteste bestimmen die Atmosphäre einer Gemeinschaft. Wenn örtliche Älteste lieben, werden auch die anderen Gläubigen ihrem Beispiel folgen. Wenn sie rücksichtsvoll, freundlich und fürsorglich sind, werden es auch die anderen in der Gemeinde sein. Wenn sie auf die

Nöte und Bedürfnisse der Menschen aufmerksam machen und Organisationsstrukturen einführen, durch die bedürftigen Christen geholfen werden kann (Apg 6,1-7), werden sie die Unterstützung der anderen Gläubigen bekommen. Wenn Älteste und Leiter ein liebevolles Umfeld schaffen und sich und andere zur Liebe verpflichten, wird es den Menschen geistlich gut gehen, und viele werden ihrem Beispiel folgen. Auch andere Gemeinden werden es sehen und zu größerer Liebe angespornt (1Thes 1,7).

Die meisten Christen sehnen sich nach authentischen, lebendigen Beispielen christlicher Liebe. Als ich eine christliche Frau, die für ihren liebevollen Geist und ihren selbstlosen Dienst an anderen bekannt war, fragte, wie sie zu lieben gelernt hatte, sagte sie mir, sie habe den liebevollen Hirten in der Gemeinde, in der sie aufwuchs, zugesehen. Sie können dieses Vorbild für die Menschen um Sie herum sein. Vielleicht sind Sie kein begabter Prediger oder Gelehrter, aber Sie können einen wichtigen Einfluss auf Menschen haben, wenn Sie christusähnliche Liebe vorleben. Sie können entscheidend dazu beitragen, dass Ihre Gemeinde in der Liebe wächst. »Es gibt viele, die Christus predigen«, sagte Chapman, »aber nicht viele, die Christus leben. Mein großes Ziel ist es, Christus *zu leben*.«[41] Dies könnte auch Ihr Lebensziel sein.

Eltern

Zärtliche Liebe erfahren wir zum ersten Mal von unseren Eltern; daher haben sie (und die Großeltern) die besten Möglichkeiten, empfänglichen Kindern und Jugendlichen Gottes Liebe vorzuleben. Die Liebe unserer Eltern oder das Ausbleiben dieser Liebe hat eine enorme Wirkung auf unsere geistige, emotionale und geistliche Entwicklung. Studien haben die tragischen Auswirkungen auf Kinder in Waisenhäusern gezeigt, in denen Säuglinge den ganzen

Tag über im Kinderbett gelassen werden und nur wenig Liebe, Zuwendung, Berührung und Zuneigung bekommen. Diese Kinder werden ihr Leben lang körperliche, psychische und geistige Probleme haben.

So wie die Liebe für eine gesunde menschliche Entwicklung von großer Bedeutung ist, ist sie auch für die Gesundheit von Familien und Gemeinden entscheidend. Wenn christliche Eltern ihren Kindern christusähnliche Liebe schenken, werden sie in den meisten Fällen geistig, emotional und geistlich gesunde Kinder großziehen. Paulus erinnerte Timotheus beispielsweise an den geistlichen Einfluss seiner Großmutter Lois und seiner Mutter Eunike auf seinen Glauben und Dienst (2Tim 1,5; 3,15).[42]

Wenn christliche Eltern andere Menschen lieben, ihnen dienen und helfen, werden ihre Kinder diesem Vorbild in den meisten Fällen folgen. Viele Älteste und Mitarbeiter in den heutigen Gemeinden hatten Eltern, die die Gemeinde aufopfernd liebten und ihr dienten. Sie sahen zu Hause das liebevolle Vorbild ihrer Eltern und traten in ihre Fußstapfen. Eine ganze Reihe von Mitarbeitern auf dem Missionsfeld haben Missionare als Eltern. In einigen Familien dient heute bereits die vierte und fünfte Generation von Missionaren.[43]

Wenn wir in unseren Gemeinden Liebe lehren und pflegen wollen, müssen wir zu Hause bei unseren Kindern und Enkeln beginnen. Gott möchte, dass Sie Ihrer Familie ein Vorbild seiner Liebe sind. Die Menschen in Ihrer Umgebung brauchen dringend lebendige Beispiele für christliche Liebe, und Sie können eines sein. Liebe ist die erste Frucht, die der Heilige Geist in Ihrem Leben hervorbringen will (Gal 5,22). Widersetzen Sie sich nicht seinem sanften Drängen und lassen Sie sich von ihm gehorsam zu der Liebe führen, die Christus zeigte. Wie Paulus an Timotheus schrieb: »*Sei ein Vorbild der Gläubigen … in Liebe*« (1Tim 4,12).

5. Beschütze die Liebe

Eine liebevolle Gemeinde muss ihre Liebe schützen und vor den Gefahren warnen, die unsere Liebe zu Gott und unserem Nächsten bedrohen. Wir müssen die richtigen Dinge lieben und Vorsichtsmaßnahmen ergreifen, um dem Verlust unserer Liebe vorzubeugen. Der Apostel Johannes warnt seine Leser beispielsweise: »*Liebt nicht die Welt noch was in der Welt ist! Wenn jemand die Welt liebt, ist die Liebe des Vaters nicht in ihm*« (1Jo 2,15; s. auch Jak 4,4; 2Kor 6,14–7,1).

Wenn ich an das Beschützen unserer Liebe denke, kommt mir die Werbung für ein Brautkleid in den Sinn. Sie zeigt eine wunderschöne Braut, die bewundernd auf ihr Kleid herabblickt. Darüber steht: »Liebe ihn, aber dein Kleid noch mehr.« Ich glaube, das beschreibt recht gut die Versuchung, in der wir manchmal in unserer Liebesbeziehung zu Jesus stehen. Wir lieben ihn – aber lieben wir seine Segnungen nicht vielleicht mehr? Sind wir versucht: »Christus zu lieben, aber unser Zuhause mehr«?, »Christus zu lieben, aber unser Geld und unsere Sicherheiten mehr«?, »Christus zu lieben, aber unser Geschäft mehr«?, »Christus zu lieben, aber unseren christlichen Dienst mehr«? Aufgrund der allgegenwärtigen Versuchung, etwas mehr zu lieben als Christus, müssen wir stets wachsam sein und unsere Liebe zu Christus schützen.

Jeder echte Gläubige liebt Christus, denn ihn nicht zu lieben, heißt, nicht gläubig zu sein. Der Heilige Geist, der uns wiedergeboren hat und in uns wohnt, treibt uns auch zur Liebe zu Christus an. Als Christen können wir jedoch egoistisch und ungehorsam handeln. Wir können es zulassen, dass unsere Liebe erkaltet. Unsere Liebe zu Christus kann durch Ungehorsam, Sünde, weltliche Ablenkung und falsche Lehren abgeschwächt werden (2Kor 11,2-4). Daher müssen wir sie gut beschützen.

Beschützen Sie Ihre Liebe zu Christus

In dieser christusfeindlichen Welt konkurrieren viele Bewerber um unsere Liebe. Deshalb sagt die Bibel: »*Erhaltet euch in der Liebe Gottes*« (Jud 21). Und Jesus sagte seinen Jüngern: »*Bleibt in meiner Liebe! Wenn ihr meine Gebote haltet, so werdet ihr in meiner Liebe bleiben, wie ich die Gebote meines Vaters gehalten habe und in seiner Liebe bleibe*« (Joh 15,9-10). Wir alle müssen uns zu jeder Zeit bemühen, unsere Liebesbeziehung zu Christus zu bewahren und durch den Gehorsam gegenüber seinem Wort in seiner Liebe zu bleiben. Maria von Betanien, Lazarus' Schwester, ist ein biblisches Beispiel für eine Gläubige, die ihre Liebe zu Christus mehr als alles andere beschützte. Als Jesus das Haus seiner geliebten Freunde Marta, Maria und Lazarus besuchte, teilt Lukas uns mit, dass Marta »*mit vielem Dienen sehr beschäftigt war*«, aber Maria »*sich zu den Füßen Jesu niedersetzte und seinem Wort zuhörte*« (Lk 10,39-40). Zuvor hatte Maria ihrer Schwester zweifellos in der Küche geholfen, aber jetzt wollte sie ihre Zeit mit Jesus verbringen und seinen Lehren zuhören. Aus diesem Grund beklagte sich Marta: »*Herr, kümmert es dich nicht, dass meine Schwester mich allein gelassen hat zu dienen? Sage ihr doch, dass sie mir helfe!*« (Lk 10,40).

Beide Schwestern liebten Jesus, aber Maria traf eine Entscheidung, die ihre Beziehung zu ihm vertiefte. Marta nicht. In seiner Reaktion stellt Jesus einen klaren Unterschied heraus:

> »*Marta, Marta! Du bist besorgt und beunruhigt um viele Dinge;* ***eins aber ist nötig****. Maria aber hat* ***das gute Teil*** *erwählt, das nicht von ihr genommen werden wird*« (Lk 10,41-42; Hervorhebung durch den Autor).

Die meisten von uns sind zu einem gewissen Maße wie Marta. Wir lassen uns leicht von unserer Arbeit ablenken. Wir machen uns Sorgen über so viele Dinge im Leben und vernachlässigen es, Zeit mit Christus zu verbringen. Marta liebte Jesus, war aber so beschäftigt mit ihrer Arbeit *für* ihn, dass sie keine Zeit hatte, *bei* ihm zu sein. Doch genau das hätte Jesus lieber gesehen. Ihr wohlgemeinter Dienst für Christus zog sie aus seiner Gegenwart. Statt Freude erlebte sie Ärger und Frustration – und nicht nur in Bezug auf Maria, sondern auch auf ihn.

Maria hingegen wusste, wann sie andere Dinge beiseite legen und ihre Zeit mit ihrem Herrn verbringen musste. Sie setzte Christus an die erste Stelle und ihre Arbeit an die zweite. Sie entschloss sich, alles hinzulegen, seinen Worten zuzuhören und ihre Liebe zu ihm zu pflegen.

Wichtig ist, dass wir uns an Jesu Aussage erinnern:

»Eins aber ist nötig.«

Wenn wir Gottes Wort lesen und studieren, ist das so, als würden wir zu Jesu Füßen sitzen und seinen wunderbaren Lehren zuhören. Jesus selbst sagt uns, dass die ganze Schrift von ihm spricht. Er ist ihr Hauptthema.[44] Wir können ihn nicht lieben, wenn wir ihn nicht kennen, und wir lernen ihn durch die Bibel kennen, die ihn uns offenbart. Wir können weder unsere Liebe zu Christus beschützen noch in ihr wachsen, ohne uns regelmäßig mit seinem Wort zu beschäftigen. Daher lautet die Frage: Was lenkt Sie davon ab, Zeit zu den Füßen Jesu zu verbringen und seinen Worten zuzuhören?

Es ist leicht, so beschäftigt zu sein, dass wir keine Zeit für Gott haben – ebenso wenig wie für sein Wort und für das Gebet. Der Direktor einer Organisation für Weltmission erkannte diese Gefahr und stellte sich eine Tafel auf den Schreibtisch mit der Aufschrift: »Hüte dich vor der Fruchtlosigkeit eines geschäftigen Lebens.« Das richtige Gleichgewicht zu finden, ist schwierig, aber wir müssen uns vor der Gefahr hüten, zu *»sehr beschäftigt mit vielem Dienen«* zu sein (Lk 10,40).

Ebenso leicht lassen wir uns durch Sport, materiellen Wohlstand, Karriere, Fernsehen und Kino von unserer Liebe zu Gott ablenken. Wenn irgendeines dieser Dinge unser Leben bestimmt und unser Herz, unsere Seele und unsere Kraft vereinnahmt, raubt es uns Zeit für Christus. Diese Dinge können zu modernen Götzen und einer schweren Last werden, die uns von dem *»vor uns liegenden Wettlauf«* abhalten (Hebr 12,1-2). Gutes kann sich in Schlechtes verkehren, wenn es unsere Zeit oder unsere Zuneigung von Christus abzieht. Wir sollten uns das Gebet des gottesfürchtigen Samuel Rutherford zu eigen machen: »Ich bin überaus zufrieden, dass Christus all meine Götzen zunichte macht: Es hat meiner stumpf gewordenen Liebe zu Christus neue Frische gegeben.«[45]

Keiner von uns ist von der Versuchung ausgenommen, sorglos mit seiner Liebe zu Christus umzugehen. In Paulus' letztem Brief an Timotheus schreibt er, dass Demas, ein Mitarbeiter am Evangelium, ihn verlassen hatte, weil er *»den jetzigen Zeitlauf«* liebte (2Tim 4,10). Liebe zu den Dingen und Annehmlichkeiten der Welt hatte Demas' Herz davon abgewandt, Christus zu dienen und für das Evangelium zu leiden. Demas blieb nicht in der Liebe Christi (Joh 15,9-10); er beschützte seine Liebe zu Christus nicht.

David Gooding, ehemaliger Professor für Griechisch am *Queens College* in Belfast, Irland, erinnert uns, dass wir uns für *»das gute Teil«* in unserem Leben, das uns nie genommen wird, bewusst entscheiden müssen:

»Wir können nicht alles machen: dazu haben wir einfach nicht genug Zeit. Wie Maria sollten wir daher eine bewusste Entscheidung treffen. Die Dinge des Lebens werden sich nicht automatisch in eine richtige Prioritätenfolge fügen. Wenn wir es nicht bewusst zu unserer obersten Priorität machen, zu den Füßen Jesu zu sitzen und seinem Wort zuzuhören, werden tausend andere Dinge und Pflichten diesen Platz einnehmen, unsere Zeit und Energie beanspruchen und uns *'das gute Teil'* im Leben rauben.«[46]

Wir können diese Entscheidung nur treffen, wenn wir unsere Prioritäten im Leben richtig gesetzt haben. In seinem Klassiker *Mein Äußerstes für sein Höchstes* stellt uns Oswald Chambers die richtige Prioritätenfolge vor, die uns leiten und bewahren soll:

»Jesus lehrte, dass ein Jünger seine Beziehung zu Gott zum Wichtigsten in seinem Leben machen soll, dem er alles andere unterordnen muss.«[47]

Beschützen Sie Ihre Liebe zu anderen

Wir müssen nicht nur unsere Liebe zu Christus beschützen, sondern auch die zu anderen Menschen. So wie der Heilige Geist uns zur Liebe zu Christus antreibt, motiviert er uns, andere aufopfernd zu lieben. Doch wie wir gesehen haben, können Gläubige auch egoistisch handeln und dem Wort Gottes ungehorsam sein. Wie Henry Moorhouse, Evangelist im 19. Jahrhundert, in einem Brief an einen Freund beobachtete: »In so vielen Herzen scheint die Liebe eingeschlafen zu sein.«[48]

Wenn Liebe einschläft, werden wir anderen Menschen gegenüber kalt und gefühllos. Wir lieben materielle Dinge und persönliche Annehmlichkeiten mehr als Menschen.

Wir lieben unsere Arbeit mehr als Menschen. Wir werden bitter gegenüber Menschen, weil unsere Gefühle verletzt worden sind. Wir werden müde, egoistischen und undankbaren Menschen zu dienen, und geben uns damit zufrieden, nur angenehme Personen zu lieben. Wir werden träge und selbstgefällig in Bezug auf Liebe. Wir vernachlässigen unsere Pflicht, auch die Unliebenswerten und Unsympathischen zu lieben. Wie der Priester und der Levit in der Geschichte des barmherzigen Samariters werden wir teilnahmslos gegenüber den Leiden anderer.

Obwohl wir wissen, dass »Liebe der Edelstein unter den Tugenden des christlichen Lebens ist«[49], ist es so einfach, unsere Pflicht zu vernachlässigen und andere nicht so zu lieben, wie Christus es tat. Maurice Roberts beschreibt den Zwiespalt zwischen dem, was wir über Liebe wissen und wie wir ihre Forderungen in unserem Leben verwirklichen:

> »In den Evangelien finden wir die Inkarnation der Liebe Gottes in Christus. Wir sehen ihn, wie er zuerst die Füße der Jünger wäscht und dann ans Kreuz geht, um ihre Seelen zu reinigen. Doch sobald die Erinnerung an diese alles übersteigende Liebe in unseren Gedanken etwas verblasst ist, kehren wir zurück zu unseren alten egoistischen Gewohnheiten. Kein Wunder, dass der Prophet ausrief: »*Wehe mir*« (Jes 6,5), und der Apostel: »*Ich elender Mensch!*« (Röm 7,24).«[50]

Sollten Sie also spüren, dass Ihre Liebe einschläft, dann ergreifen Sie sofort Gegenmaßnahmen. Je länger Sie warten, desto schwerer wird es sein, den Geist der Liebe wach zu rufen. Lesen Sie die Bibel und beleben Sie Ihre schläfrige Seele. Beten Sie, dass in Ihnen Dankbarkeit für die freie Gnade Gottes und für das Kreuzesopfer Christi neu erwacht.[51] Beten Sie ernsthaft, dass der Herr Sie wieder mit der ersten Frucht des Geistes, der Liebe, erfüllt (Gal 5,22; Eph 5,18). Tun Sie Buße über all Ihre Sünden, die Ihre Liebe zu Gott oder seinem Volk gedämpft haben. Hören Sie auf, zu viel über sich selbst nachzudenken. Folgen Sie dem großen Vorbild all jener, die Gottes Liebe in ihrem Leben verwirklicht haben. Erinnern Sie sich an Ihre erste christliche Pflicht, Gott und Ihren Nächsten zu lieben. Beginnen Sie mit tätiger Liebe für andere, und beten Sie, dass der Wunsch und die Freude, andere zu lieben, folgen.

Jenen, die sich vom Geist der Liebe weit entfernt haben, ruft Jesus zu: Wacht auf, denkt daran, wovon ihr gefallen seid, tut Buße über eure Sünden und kehrt zu euren früheren Liebestaten zurück (Offb 2,5). Um nicht in die Lage der Epheser zu geraten, sollten Christen, die Buße über ihre verlorene Liebe tun müssen, den praktischen Rat von Jonathan Edwards befolgen:

> »Ein Christ sollte sich jederzeit vor allen Dingen hüten, die den Geist der Liebe zu Fall bringen, verderben oder schwächen wollen. Das, was die Liebe zu Menschen verhindert, wird auch die Liebe zu Gott blockieren. … Wenn Liebe die Summe des Christentums ist, sind jene Dinge, die die Liebe zu Fall bringen, [für] Christen äußerst unangebracht.«[52]

Lassen Sie es nicht zu, dass Ihre Liebe einschläft, bleiben Sie wach. »*Erhaltet euch in der Liebe Gottes*« (Jud 21). Hüten Sie »sich jederzeit vor allen Dingen, die den Geist der Liebe zu Fall bringen, verderben oder schwächen wollen.«

6. Praktiziere Liebe

Das Studium der Liebe ist aufregend, die Lehren der Liebe sind aufschlussreich, Gebete um Liebe bewegen das Herz, und vorgelebte Liebe motiviert. Aber letzten Endes zählt, dass wir Gott in Liebe gehorsam sind und den Menschen aufopfernd dienen. Wir müssen Praktiker sein in Sachen Liebe, keine Theoretiker. Wir müssen Liebe praktizieren, nicht über sie reden. Wir müssen eine Verbindung zwischen Worten und Taten herstellen.

In dem Wissen, wie einfach es ist, über Liebe zu reden, sie aber nicht vorzuleben, warnt der Apostel Johannes:

> *»Wer aber irdischen Besitz hat und sieht seinen Bruder Mangel leiden und verschließt sein Herz vor ihm, wie bleibt die Liebe Gottes in ihm? Kinder, lasst uns* ***nicht lieben mit Worten noch mit der Zunge, sondern in Tat und Wahrheit!****«* (1Jo 3,17-18; Hervorhebung durch den Autor).

Auch Paulus forderte seine Leser auf, echte Liebe zu praktizieren: »*Die Liebe sei ungeheuchelt!*« (Röm 12,9). Nach diesem Aufruf zu ernsthafter, echter Liebe führt er viele charakteristische Taten und Haltungen auf (Röm 12,9-21). Er erwartet von seinen Lesern, dass sie diesen Anweisungen nachkommen und nicht nur über ihre tugendhaften Eigenschaften sprechen.

Und Jakobus warnte vor der Gefahr, lediglich ein Hörer oder Bewunderer zu sein, statt ein »*Täter*« der Liebe (Jak 1,22-25). Nur der Täter ist gesegnet, nicht derjenige, der in der Gemeinde sitzt und zuhört, aber sofort alles wieder vergisst. Jakobus erinnert uns auch daran, dass Liebe »*ohne Werke tot*« ist (Jak 2,26).

Da es so einfach ist, die Sprache der Liebe zu sprechen, ohne sie Wirklichkeit werden zu lassen, mussten die

Apostel die Gläubigen beständig erinnern und ermahnen, die Liebe, zu der sie sich bekannten, auch zu praktizieren. Dasselbe müssen wir heute tun. Wir müssen selber Christus ähnliche Liebe vorleben und einander zur Liebe anhalten.

Göttliche Liebe bringt praktische Frucht hervor (Gal 5,22). Sie veranlasst zu aufopferndem Dienst (Gal 5,13), gütigen Werken (1Kor 13,4) und anstrengender Arbeit für die Bedürfnisse anderer (1Thes 1,2-3). John Stott sagt: »Echte *Liebe* zu Menschen heißt, Mühen für sie auf sich zu nehmen; andernfalls entwickelt sie sich zu bloßer Sentimentalität.«[53] Die Verweigerung praktischer Liebe *»in Tat und Wahrheit«* bedeutet nichts anderes als Ungehorsam gegenüber den Geboten Christi, Gott, unsere Nächsten, unsere Mitgläubigen, unsere Feinde und alle Menschen zu lieben. Wir müssen uns in Erinnerung rufen, dass die biblischen Liebesgebote Gehorsam und praktische Umsetzung von uns verlangen. Sie sind keine himmlischen Vorschläge, sondern direkte Anweisungen des Königs.

Die Bibel stellt Liebe und Gehorsam als untrennbare Gegenstücke dar.[54] Gehorsam gegenüber den Liebesgeboten Christi führt zu echtem Wachstum in der Liebe. Ungehorsam führt zum Schwinden der Liebe. Daher ist das Pflegen einer liebevollen Atmosphäre in der Gemeinde untrennbar mit einer Atmosphäre des Gehorsams gegenüber dem Wort Gottes und seinem Heiligen Geist verbunden. »Liebe ist kein Gefühl«, wie der Bibelausleger Alexander Ross erklärt, »das wir hin und wieder zum Ausdruck bringen, wenn uns danach ist; es ist eine Pflicht, die Gott zu jeder Zeit von uns erwartet, und Kinder Gottes sollten ihrem himmlischen Vater gehorsam sein.«[55]

Da Liebe »eine Pflicht ist, die Gott zu jeder Zeit von uns erwartet«, *müssen wir uns wieder neu dem Gehorsam gegenüber den Prinzipien der Liebe Christi verpflichten.* Genauso wie die Ehe eine Verpflichtung zur gegenseitigen Liebe in guten und schlechten Tagen ist, müssen wir auch Gott und unseren Nächsten trotz wechselnder Gefühle oder schwieriger Umstände lieben. Wollen Sie so lieben wie Christus, dann verpflichten Sie sich dazu (Eph 5,2; 1Jo 3,16). Wollen Sie der Liebe nachstreben, so verpflichten Sie sich zu biblischer Liebe (1Kor 14,1). Wenn Sie alles in Liebe tun wollen, dann verpflichten Sie sich dazu (1Kor 16,14). Wenn Sie die Gemeinde zur Liebe anspornen wollen, dann richten Sie ihr Denken und Handeln so aus, dass es andere zur Liebe inspiriert (Hebr 10,24).

Zusammen mit anderen Familien gründeten Herb und Alice Banks vor nahezu 45 Jahren unsere heutige Gemeinde. Dort dienten sie Jahre lang selbstlos den Menschen. Ihre Mühen sind legendär. Sie besuchten die Kranken im Krankenhaus, Inhaftierte im Gefängnis, alte Menschen in Pflegeheimen und Missionare im Ausland. Sie leiteten Bibelkreise und unser Missionsprogramm. Herb war 38 Jahre einer unserer Ältesten. Fast jeder aus der Gemeinde besuchte sie zu Hause und genoss ihre großzügige Gastfreundschaft. Aufgrund ihres schlechten Gesundheitszustandes sind sie erst jetzt kürzer getreten. Ihre Einstellung beeinflusste das aber kaum. Sie lebten einfach nach dem Gebot des Herrn: »*Liebt einander, … wie ich euch geliebt habe*« (Joh 13,34-35). Sie setzten biblische Überzeugungen in die Tat um. Ihre Liebe zum Herrn und ihr Gehorsam gegenüber seinem Wort motivierten und trugen ihren liebevollen Dienst an den Menschen bis weit über das 80. Lebensjahr hinaus.

Christus weist uns nicht nur an, so zu lieben, wie er es tat, sondern er gibt uns auch die Kraft dazu. Er hat uns seinen Heiligen Geist geschenkt. Der Heilige Geist – der Gott und Liebe ist – verleiht jedem Gläubigen die übernatürliche Fähigkeit, wie Christus zu lieben.[56] Der Bibelausleger R. S. Candlish drückt es so aus: »Wir besitzen jetzt die göttliche Fähigkeit zu Lieben; wir lieben mit der Liebe Gottes, die sein innerstes Wesen ist.«[57] »Liebe« ist die erste Frucht, die der Heilige Geist im Leben eines Gläubigen hervorbringt (Gal 5,22).

Die Liebe Gottes, die *»in unsere Herzen ausgegossen ist durch den Heiligen Geist«* (Röm 5,5), treibt uns an, die Gebote der Liebe zu lieben und ihnen gerne nachzukommen. Weil wir Gott lieben, sind wir seinen Geboten gehorsam. *»Wenn ihr mich liebt«*, sagt Jesus, *»so werdet ihr meine Gebote halten«* (Joh 14,15). Jesus spricht von einem liebenden, bereitwilligen Herzensgehorsam, nicht von einem erzwungenen oder freudlosen. Aufgrund unserer Dankbarkeit für seine Liebe und sein Opfer sind wir ihm gerne gehorsam. *»Er hat uns errettet aus der Macht der Finsternis«* (Kol 1,13), von Sünde und Tod, und hat uns ewiges Leben gegeben. Welche andere Antwort könnten wir auf eine solche Liebe geben, als zu lieben und gehorsam zu sein?

Nach seiner Auferstehung sprach Jesus mit Petrus, der ihn drei Mal verleugnet hatte. Am Ufer des Sees von Galiläa fragte Jesus ihn drei Mal: *»Liebst du mich?«* (Joh 21,15-17).

Jedes Mal bestätigte Petrus seine Liebe zu Christus: *»Ja, Herr, du weißt, dass ich dich lieb habe.«*

Nach dem öffentlichen Bekenntnis seiner Liebe überträgt Jesus ihm jedes Mal die Sorge für sein Volk: *»Weide meine Lämmer! … Hüte meine Schafe! … Weide meine Schafe!«*

Ob Petrus' Bekenntnis seiner Liebe echt war, sollte sich in seinem praktischen Gehorsam gegenüber dem Gebot Christi zeigen. Wie die Apostelgeschichte berichtet, bewies Petrus in der Kraft des Heiligen Geistes die Echtheit seines Bekenntnisses, indem er sein Leben der

Sorge um die Herde Jesu Christi widmete. Auch unser öffentliches Bekenntnis, Gott und unseren Nächsten zu lieben, sollte sich in gelebter christlicher Liebe ausdrücken (Röm 12,9-21).

Wiederhergestellte Liebe

Vielleicht fragen Sie sich, wie die Gemeinde in Ephesus reagierte, als den Gläubigen das Sendschreiben Jesu öffentlich vorgelesen wurde. Demütigten sie sich vor Gott? Waren sie den Anordnungen des Herrn gehorsam? Oder weigerten sie sich, dem Urteil des Herrn über ihren geistlichen Zustand zu glauben?

Die Antwort finden wir zu Beginn des 2. Jahrhunderts in einem Brief von Ignatius, dem Aufseher (Griechisch: *episcopos*) der Gemeinde in Antiochia in Syrien. Ignatius wurde für seinen Glauben festgenommen und irgendwann zwischen 105-117 n. Chr. nach Rom zur Hinrichtung überführt. Auf seiner Reise nach Rom schrieb Ignatius sieben Briefe, die heute noch erhalten geblieben sind. Diese Briefe werden traditionell den Schriften der Apostolischen Väter zugeordnet. Einer von ihnen war an die Gemeinde in Ephesus gerichtet.

Auf dem Weg nach Rom machten die Wachen einen Zwischenstopp in der Stadt Smyrna. Während ihres Aufenthaltes sandte die etwa 65 Kilometer südlich gelegene Gemeinde in Ephesus eine Delegation von Brüdern nach Smyrna, um Ignatius, den in Rom der Märtyrertod erwartete, zu ermutigen und zu stärken. Ihr Besuch war so erfrischend, dass Ignatius einen Brief schrieb, in dem er ihnen für ihre Aufmerksamkeit und Fürsorge dankte. In diesem Brief lobte er ihre Liebe und empfahl sie als eine Gemeinde, die »sich durch Glauben und Liebe zu Christus Jesus, unserem Heiland, auszeichnete«.[58] Er freute sich, dass sie »nichts im menschlichen Leben liebten außer

Gott.«[59] Ihren Gemeindeaufseher, Onesimus, nannte er »einen Mann von unbeschreiblicher Liebe.«[60] Des Weiteren schrieb Ignatius, dass er in den Brüdern, die ihn in Smyrna besuchten, die Liebe der ganzen Gemeinde in Ephesus sehen konnte.[61]

Daher wissen wir, dass die Gemeinde in Ephesus zu Beginn des 2. Jahrhunderts sehr lebendig war. Sie hatte eine gesunde Lehre und reichlich Liebe. Die Gläubigen dort waren dem Aufruf des Herrn gefolgt: Sie hatten sich erinnert, Buße getan und waren zu ihren ersten Werken zurückgekehrt. Deshalb gewann die Gemeinde ihre Liebe zurück. Der Herr sagte: »*Wer ein Ohr hat, höre, was der Geist den Gemeinden sagt!*« (Offb 2,7).

Anmerkungen zu Teil II

1. Joh 15,9; Röm 5,5; 8,35-39; Gal 5,22; Jud 1.
2. 1Kor 14,1; Jud 21; Joh 15,9; Eph 5,2; Hebr 10,24.
3. Moody predigte schätzungsweise mehr als 100 Millionen Menschen das Evangelium, reiste mehr als anderthalb Millionen Kilometer und führte Hunderttausende zur Erkenntnis Jesu Christi. Und dies alles noch bevor es Flugzeuge, Autos, Radio und Fernsehen gab (Lyle W. Dorsett, *A Passion for Souls: The Life of D. L. Moody* [Chicago: Moody, 1997], 139).
4. Dorsett, *A Passion for Souls*, 139.
5. Richard Ellsworth Day, Bush Aglow: *The Life Story of Dwight Lyman Moody, Commoner of Northfield* (Philadelphia, PA: The Judson Press, 1936), 146.
6. John Macpherson, *Henry Moorhouse: The English Evangelist* (London: Morgan and Scott, o.J.), 130.
7. Martyn Lloyd-Jones fügt hinzu: »Liebe ist etwas, worüber man nachdenken kann. … Wenn Liebe Sie nicht zum Nachdenken bringt, ist es keine Liebe; dann ist es nur ein rein physischer Trieb. Liebe sieht es gerne, wenn man sie wiederkäut, länger bei ihr verweilt, genau betrachtet, sie seziert, analysiert und über sie nachdenkt. … Liebe muss studiert werden, und je mehr Sie sie untersuchen, desto mehr erfreuen Sie sich an ihr« (*The Unsearchable Riches of Christ: An Exposition of Ephesians 3:1 to 21* [Grand Rapids: Baker, 1979], 232-233).
8. 5Mo 6,4-5; Mt 22,34-40; Mk 12,28-34; Lk 10,25-42.
9. Roger Steer, *George Müller: Delighted in God* (1975; Neuauflage, Fern, Schottland: Christian Focus, 1997), 222.
10. Martyn Lloyd-Jones schreibt zu dieser Bibelstelle: »Nur weil wir Christen sind, dürfen wir nicht den Fehler

begehen und glauben, wir wüssten alles über die Liebe Gottes. Die meisten von uns sind wie Kinder, die am Rand eines Ozeans spielen; die Liebe Gottes hat unglaubliche Tiefen, von denen wir nichts wissen. Der Apostel betete, dass die Epheser, und wir mit ihnen, hinaus in die Tiefe gehen und unvorstellbare Dinge entdecken« (*The Unsearchable Riches of Christ*, 207).

11. Ceslaus Spicq bemerkt: »Das ganze christliche Leben besteht darin, sich an seiner Liebe festzuklammern und in ihr zu leben« (*Agape in the New Testament* [London: Herder, 1965], 2: 373).
12. Norman Grubb, *C.T. Studd: Cricketer and Pioneer* (Fort Washington, PA: Christian Literature Crusade, 1933), 132. C. T. Studds Vater bekehrte sich unter der Predigt von D. L. Moody.
13. John R. Stott, *What Christ Thinks of the Church: An Exposition of Revelation 1–3* (Grand Rapids: Baker, 2003), 33.
14. C. F. Hogg und W. E. Vine, *The Epistles to the Thessalonians* (Fincastle, VA: Bible Study Classics, o.J.), 123-124.
15. Donald S. Whitney hat Recht, wenn er sagt: »Wenn Ihre Liebe zu anderen zunimmt – besonders zu anderen Gläubigen –, wachsen Sie als Christ« (*Ten Questions to Diagnose Your Spiritual Health* [Colorado Springs: NavPress, 2001], 41).
16. William Hendriksen, *Colossians and Philemon*, NTC (Grand Rapids: Baker, 1964), 158.
17. Maurice Roberts, »The Supreme Grace of Christian Love«, *The Banner of Truth* (Februar 1989): 3.
18. Röm 5,5; 15,30; Gal 5,22.
19. Roberts, »The Supreme Grace of Christian Love«, 4.
20. Röm 8,34; Hebr 7,25; 1Jo 2,1.
21. Mt 5,43-48; 6,24; 10,37-38; 22,34-40; Mk 12,28-34; Lk 6,27-36; 10,25-42; Joh 13–17.
22. In der Abschiedsrede des Herrn taucht Liebe (sowohl

das Substantiv *agapê* als auch das Verb *agapaô*) dreißig Mal auf (Joh 13–17). In Johannes 1–12 finden sich die Wörter hingegen nur zwölf Mal.

23. Mt 5,43-48; 22,34-40; Joh 13,34-35; 1Kor 12,31–13,13; Röm 8,35-39; 12,9-21; 13,8-10; 14,15; Eph 3,18-19; 5,1-2.25; 1Jo 3,16-18; 4,7–5,3; Offb 2,4.
24. 2Mo 20,6; 5Mo 10,12-13; 11,1.13.22; 19,9; 30,16.19-20; Joh 14,15.21.31; 15,10; 1Jo 2,5; 5,3; 2Jo 6.
25. John Eadie, *Divine Love: A Series of Doctrinal, Practical and Experimental Discourses* (1856; Birmingham, AL: Solid Ground Christian Books, 2005), 273.
26. Benjamin Breckenridge Warfield, »The Emotional Life of Our Lord«, in *The Person and Work of Christ* (Philadelphia: Presbyterian and Reformed, 1950), 64.
27. J. I. Packer, *Concise Theology* (Wheaton: Tyndale, 1993), 181-182.
28. Donald Guthrie schreibt über Hebräer 10,24: »Dieser Vers scheint zu unterstellen, dass eine gegenseitige Liebe nicht einfach so passiert. An ihr muss gearbeitet werden; wir müssen uns sogar zu ihr anreizen, ebenso wie zu guten Werken« (*The Letter to the Hebrews*, TNTC [Grand Rapids: Eerdmans, 1983], 215).
29. Paul E. Billheimer, *Love Covers* (Fort Washington, PA: Christian Literature Crusade, 1981), 34.
30. 1Kor 12,25; Röm 15,14; Gal 5,13; Kol 3,16; 1Thes 4,18; 5,11; Hebr 3,13; 10,24-25; Jak 5,16; 1Petr 4,10; 1Jo 4,7.
31. Röm 12,6-8; 1Kor 12,1-31; 14,1-40; Eph 4,7-16; 1Petr 4,10-11.
32. Peter T. O'Brien bemerkt zu Epheser 4,16: »Der ganze Leib ist am Auferbauungsprozess [der Gemeinde] beteiligt, nicht nur Führungspersonen oder spezielle Dienste. … Die ›geistlich begabte Gemeinde zeichnet sich nicht allein durch den Vollbesitz ihrer Gaben aus, durch die göttliche Kraft fließt, sondern wird ebenso

durch ihr göttliches Wesen charakterisiert.‹ Liebe wird so zum Kriterium, anhand dessen das wahre Wachstum der Gemeinde zu beurteilen ist. Selbst die völlige Ausübung der Gaben hat keinen geistlichen Wert, wenn es an Liebe fehlt (vgl. 1Kor 13)« (*The Letter to the Ephesians*, PNTC [Grand Rapids: Eerdmans, 1999], 316).

33. Robert L. Peterson und Alexander Strauch, *Agape Leadership: Lessons in Spiritual Leadership from the Life of R.C. Chapman* (Littleton, CO: Lewis and Roth, 1991), 21.
34. Jonathan Edwards, »Religious Affections«, Hrsg. John E. Smith, in *The Works of Jonathan Edwards*, Hrsg. Perry Miller (New Haven: Yale, 1959), 146.
35. Siehe auch 1Kor 4,6.16-17; 7,7; Gal 4,12; Phil 3,17; 4,9; 1Thes 1,6; 2Thes 3,6-9.
36. 2Sam 5,6-9; 6,1-15; 1Chr 13,1-6.
37. Eine aktualisierte Biographie gibt es von Roger Steer, *Georg Müller: Vertraut mit Gott* (CLV, Bielefeld). Roger Steer, *J. Hudson Taylor: Im Herzen Chinas* (CLV, Bielefeld). Kirchenhistoriker Kenneth Scott Latourette schreibt: »Hudson Taylor war … einer der größten Missionare aller Zeiten, und … einer der vier oder fünf einflussreichsten Ausländer, die im 19. Jahrhundert, aus welchem Grund auch immer, nach China kamen …« (*A History of Christian Missions in China* [1929; Neuauflage, New York: Russell & Russell, 1967], 382).
38. Edith Schaeffer, *L'Abri* (Wheaton: Crossway, 1992).
39. Francis A. Schaeffer, *The Mark of the Christian* (Downers Grove: InterVarsity, 1970).
40. Frank Holmes, *Brother Indeed: The Life of Robert Cleaver Chapman* (London: Victory Press, 1956). Eine Biographie aus neuerer Zeit stammt von Robert L. Peterson, *Robert Chapman* (Littleton, CO: Lewis and Roth, 1995). Eine kurze Zusammenfassung von Chapmans Leben und seinem bemerkenswerten Umgang mit Menschen

findet sich bei Robert L. Peterson und Alexander Strauch, *Agape Leadership: Lessons in Spiritual Leadership from the Life of R.C. Chapman* (Littleton, CO: Lewis and Roth, 1991).

41. Peterson und Strauch, *Agape Leadership*, 14.
42. 5Mo 4,9; 6,7.20-25; Ps 78,5-8; 2Mo 10,2; 12,26-27; 13,8-10.
43. Beispielsweise die Familie Taylor in China (Herbert H. Taylor, Maria Coulthard Taylor, J. H. Taylor II, J. H. Taylor III, J. H. Taylor IV), die Familie Bell-Linton in Korea (Eugene und Lottie Bell, Charlotte Bell Linton, Hugh Linton und heute Stephen, John, James und Andrew Linton); und die Familie Torrey (R. A. Torrey, Evangelist mit D. L. Moody, R. A. Torrey II in China, R. A. Torrey III in Korea und heute Ben Torrey in Korea).
44. Joh 5,39.46; Lk 24,27.44; s. auch 5Mo 8,3.
45. Samuel Rutherford, *The Loveliness of Christ: Extracts from the Letters of Samuel Rutherford* (1909; Neuauflage, Edinburgh: Banner of Truth, 2008), 86.
46. David Gooding, *According to Luke: A New Exposition of the Third Gospel* (Grand Rapids: Eerdmans, 1987), 216.
47. Oswald Chambers, *Mein Äußerstes für sein Höchstes* (Hänssler Verlag, Holzgerlingen), Auswahl für den 21. Mai.
48. Macpherson, Henry Moorhouse, 117.
49. Roberts, »The Supreme Grace of Christian Life«, 4.
50. Roberts, »The Supreme Grace of Christian Life«, 4.
51. Jerry Bridges gibt uns einen gesunden biblischen Rat zur Erhaltung von Liebe und Heiligkeit, wenn er schreibt, dass wir uns täglich selbst das Evangelium predigen sollten (*The Discipline of Grace: God's Role and Our Role in the Pursuit of Holiness* [Colorado Springs: NavPress, 1994], 45-60; *The Gospel for Real Life: Turn to the Liberating Power of the Cross … Every Day* [Colorado Springs: NavPress, 2003]).

52. Jonathan Edwards, *Charity and Ist Fruits*, 23.
53. John R. W. Stott, *The Message of Thessalonians: The Gospel & the End of Time*, BST (Downers Grove: InterVarsity, 1991), 30. In seinen Anmerkungen über den Begriff »*Bemühung der Liebe*« in 1. Thessalonicher 1,3 bezeichnet James Denny »Arbeitsamkeit« als ein »Kennzeichen der Liebe« (*The Epistles to the Thessalonians*, The Expositor's Bible [New York: Eaton & Mains, o.J.], 29). Über Paulus' Beispiel für Arbeit schreibt Denny: »Liebe trieb [Paulus] *zu unablässigen, unermüdlichen Anstrengungen zum Wohle anderer*, und dazu wird sie jeden antreiben, in dessen Herz sie brennt. Paulus war bereit, zu geben und sich zu verausgaben, ungeachtet dessen wie wenig dabei herauskommen würde. Er arbeitete mit seinen Händen, seinem Verstand, seinem brennenden, fleißigen und leidenschaftlichen Herzen und durch seine beständigen Fürsprachegebete zu Gott. All dies machte seine Bemühung der Liebe aus« (S. 28; Hervorhebung durch den Autor).
54. 2Mo 20,6; 5Mo 10,12-13; 11,1.13.22; 19,9; 30,16.19-20; Joh 14,15.21.31; 15,10; 1Jo 2,5; 5,3; 2Jo 1,6.
55. Alexander Ross, *The Epistles of James and John*, NICNT (Grand Rapids: Eerdmans, 1954), 208.
56. Röm 5,5; 15,30; Gal 5,22; auch 5Mo 30,6.
57. R. S. Candlish, *The First Epistle of John*, 2. Auflage (1869; Neuauflage, Grand Rapids: Zondervan, o.J.), 422.423.
58. Ignatius, *To the Ephesians*, 1.2 in *The Apostolic Fathers*, 3. Auflage, Michael W. Holmes (Grand Rapids: Baker, 2007).
59. Ignatius, *To the Ephesians*, 9.2.
60. Ignatius, *To the Ephesians*, 1.3.
61. Ignatius, *To the Ephesians*, 2.1.

Teil III: Fragen zum Selbststudium

»Strebe danach, dich Gott bewährt zur Verfügung zu stellen als einen Arbeiter, der sich nicht zu schämen hat, der das Wort der Wahrheit in gerader Richtung schneidet!«
(2Tim 2,15)

Einheit 1

»Das Problem verlorener Liebe«, »Christi Lob und Tadel« und »Wenn eine Gemeinde ihre Liebe verliert«

1. In Offenbarung 2 und 3 beurteilt Christus sieben Gemeinden in Kleinasien. Nennen Sie zwei Gründe, warum seine Beurteilung auch für uns heute relevant ist.

2. Geben Sie mit eigenen Worten kurz die guten Eigenschaften der Gemeinde in Ephesus wieder, die Christus hervorhebt. Welche der von Ihnen aufgelisteten positiven Eigenschaften war die lobenswerteste? Erklären Sie Ihre Einschätzung.

3. Trotz all der guten Eigenschaften der Gemeinde lief in Ephesus etwas völlig falsch. Beschreiben Sie das Problem mit eigenen Worten. Drücken Sie sich so genau wie möglich aus.

4. Die Gemeinde in Ephesus hatte ihre erste Liebe *»verlassen«*. Welche Faktoren könnten Ihrer Meinung nach dazu geführt haben, dass diese ansonsten gute Gemeinde ihren ursprünglichen Zustand der Liebe aufgab?

5. Inwiefern haben die sechs Punkte über die Bedeutung der Liebe Ihr Denken über Liebe verändert? Welcher Punkt hat Sie am meisten beeinflusst? Erklären Sie Ihre Antwort.

6. Warum ist die Lehre von der Dreieinheit Gottes so fundamental wichtig für die christliche Lehre der Liebe? Führen Sie so viele Gründe an wie möglich. (Siehe Fußnote 10 in Teil I!)

7. Was meint der Autor mit seiner Aussage: »Die Summe aller göttlichen Gebote und aller geistlichen Dienste ist die Liebe zu Gott«? Welche Bibelstelle, belegt diese Aussage?

8. Was lehrt Lukas 10,25-37 über die Bedeutung von: *»Du sollst deinen Nächsten lieben wie dich selbst«*? Nennen Sie wenigstens zwei Prinzipien, die diese Stelle lehrt.

9. Was ist »neu« an dem *»neuen Gebot«* Jesu (Joh 13,34-35), wenn man die alttestamentlichen Gebote berücksichtigt, Gott und seinen Nächsten zu lieben (5Mo 6,4-5; 3Mo 19,18)?

10. 1. Korinther 13,1-3 wird als eine der schönsten Stellen der Paulusbriefe angesehen. Was ist der Kern dieses literarischen Meisterwerkes?

11. Machen Sie zwei Spalten. In die linke tragen Sie falsche Haltungen ein, die das Denken eines Gläubigen oder die Atmosphäre einer örtlichen Gemeinde vergiften. In der rechten Spalte führen Sie so viele richtige biblische Einstellungen und Eigenschaften wie möglich auf. Wenn Ihnen Bibelstellen zur Stützung Ihrer Antworten einfallen, schreiben Sie diese daneben.

Falsche Haltungen und Eigenschaften	Richtige Haltungen und Eigenschaften

a. Warum ist es wichtig, dass eine örtliche Gemeinde einen echten neutestamentlichen Geist hat? Nennen Sie wenigstens zwei Gründe.

b. Warum wirkt sich eine stolze Haltung in Bezug auf Erkenntnis und gemeindliche Unterschiede so zerstörerisch auf den Geist einer örtlichen Gemeinde aus?

12. Im Anschluss finden Sie eine Liste mit Vorschlägen, die Ihnen helfen sollen, eine tiefere Liebesbeziehung zu Gott durch Jesus Christus zu entwickeln und zu bewahren. Lesen Sie diese Aussagen sorgfältig durch und beantworten Sie die Fragen am Ende.

Sie entwickeln eine tiefere Liebesbeziehung zu Gott durch Jesus Christus …

1) … durch die persönliche Verpflichtung (und die Hilfe des Heiligen Geistes), dem *»größten und ersten Gebot«* gehorsam zu sein und Gott rückhaltlos zu lieben und den Herrn Jesus Christus über alles andere. (5Mo 6,4-5; 13,4; Jos 23,11; Ps 27,4; Mt 10,37; 22,37-38; Mk 12,28-34; Lk 10,25-28; 14,26; Joh 21,15-17; Phil 1,21; 3,13-14).

2) … durch das Lesen und Studieren des Wortes Gottes und das Nachdenken darüber, um ihn als den großen Gott kennenzulernen, der er ist (5Mo 17,18-20). D. A. Carson zögert nicht zu sagen:
»Ich bezweifle, dass man dem ersten Gebot gehorsam sein kann, ohne die Bibel ausreichend gelesen zu haben. …

Wie sollen wir ihn mit Herz und Verstand lieben, wenn wir ihn nicht mehr und mehr kennenlernen; nicht wissen, was er mag und was er verabscheut; nicht wissen, was er bekanntgegeben hat; nicht wissen, was er befiehlt und was er verbietet?« (D. A. Carson, *Love in Hard Places* [Wheaton: Crossway, 2002], 32)

3) … durch regelmäßiges Gebet zu ihm: »*Im Gebet haltet an*« (Röm 12,12). Das beinhaltet Sündenbekenntnis, Lob Gottes und Fürsprache für andere.

4) … durch ein gehorsames Leben nach den Geboten Christi: »*Denn dies ist die Liebe Gottes* [Liebe zu Gott], *dass wir seine Gebote halten*« (1Jo 5,3).

5) … indem wir nicht die Welt und ihre Götzen lieben: »*Liebt nicht die Welt noch was in der Welt ist! Wenn jemand die Welt liebt, ist die Liebe des Vaters* [die Liebe zum Vater] *nicht in ihm*« (1Jo 2,15; auch Jak 4,4).

6) … indem wir Gottes Volk lieben und ihm dienen: »*Denn wer seinen Bruder nicht liebt, den er gesehen hat, kann nicht Gott lieben, den er nicht gesehen hat. Und dieses Gebot haben wir von ihm, dass, wer Gott liebt, auch seinen Bruder lieben soll*« (1Jo 4,20-21; auch 4,11-12.20; Jak 1,27).

7) … indem wir Gott anbeten durch Lieder, Lobpreis, Dank und durch das Mahl mit Brot und Wein zur Erinnerung an seinen stellvertretenden Tod (1Kor 11,23-32; Offb 5,9-14).

a. Welche zwei Vorschläge bereiten Ihnen wahrscheinlich die größten Probleme bei einer regelmäßigen Durchführung, um Ihre Liebesbeziehung zu Gott durch Jesus Christus zu vertiefen? Erklären Sie Ihre Antwort.

b. Welche zwei Vorschläge helfen Ihnen am meisten, Ihre Beziehung zu Jesus Christus zu pflegen? Erklären Sie Ihre Antwort.

c. Welcher Vorschlag braucht Ihre sofortige Aufmerksamkeit, um Ihre Liebesbeziehung zu Gott durch Jesus Christus zu vertiefen?

Einheit 2

»Das Heilmittel Jesu« und »Studiere die Liebe«

1. Alexander Strauch sagt: »Eine äußere religiöse Vorstellung kann echten, inneren Glauben und herzliche Liebe auf heimtückische Weise ersetzen.« Geben Sie ein Beispiel (vorzugsweise aus Ihrer eigenen Gemeindeerfahrung), das die Bedeutung dieser Aussage unterstreicht. Ziehen Sie Lukas 11,42 und Matthäus 23,23-28 zur Hilfe hinzu.

2. In welcher Hinsicht ist Offenbarung 2,4 ein lebenswichtiger Weckruf für alle Gemeinden?

3. Warum ist es schwierig, die verlorene Liebe einer örtlichen Gemeinde wieder herzustellen? Führen Sie so viele Gründe an wie möglich.

4. Jesus fordert die Epheser auf: »*Denke nun daran, wovon du gefallen bist*« (Offb 2,5). Warum sollten sie an das denken, wovon sie gefallen waren? Was könnte es Gutes bringen?

5. Auf Seite 27 führt der Autor fünf Punkte an, die erklären, was Buße für die Gemeinde in Ephesus mit sich bringen würde. Lesen Sie jeden dieser fünf Punkte und schreiben Sie sich kurz ihre jeweilige Bedeutung auf, um sie anschließend in Ihrem Bibelkreis diskutieren zu können. Besprechen Sie als Gruppe jeden einzelnen Punkt, so dass jeder von Ihnen deutlich versteht, was es für eine Gemeinde heißt, Buße über verlorene Liebe zu tun. Diese Aufgabe wird Ihnen helfen, die volle Bedeutung des neutestamentlichen Wortes Buße zu erfassen. Lesen Sie ruhig noch einmal D. A. Carsons Definition von Buße.

6. Was gehörte Ihrer Ansicht nach zu den »*ersten Werken*« der Liebe, die wieder aufgenommen werden sollten? Führen Sie so viele spezifische Werke auf wie möglich. Seien Sie kreativ.

7. Im zweiten Teil des Buches macht der Autor sechs Vorschläge, wie Liebe gepflegt werden kann. Warum beginnt er mit dem Studium der Liebe?

8. Welche Verantwortung haben wir laut der anschließenden Bibelverse, die Liebe zu pflegen? Ziehen Sie zu Ihrer Antwort ruhig Bibelkommentare über die folgenden Verse zu Rate.

Johannes 15,9-10
1. Korinther 14,1
Epheser 5,1-2
Hebräer 10,24
Judas 21

9. Warum brauchen wir die Bibel, um Liebe zu verstehen? Nennen Sie so viele Gründe wie möglich.

10. Lesen Sie die Bibelverse über Liebe im Anhang und beantworten Sie die folgenden Fragen.

a. Welcher alttestamentliche Text spricht zu Ihnen am meisten über Gottes erstaunliche Liebe zu seinem Volk?

b. Welcher alttestamentliche Text zeigt Ihrer Meinung nach am besten, dass Gott Liebe ist?

c. Was lehrt Sie Römer 13,8 über Ihre Verpflichtung zu lieben?

d. Welcher neutestamentliche Text tröstet Sie am meisten, wenn Sie schwere Prüfungen erleben? Erläutern Sie Ihre Antwort.

e. Welchen neutestamentlichen Text aus der Liste würden Sie sich als Vers für Ihren Lebensweg aussuchen, wenn Sie die Wahl hätten? Erklären Sie ihre Entscheidung.

11. Wie würden Sie einen anderen Gläubigen (Gemeindeglied, Familienmitglied, Freund oder Missionar) ermutigen, mit dem Studium biblischer Lehre zu beginnen?

Einheit 3

»Bete um Liebe« und »Lehre über die Liebe«

1. Warum sollten wir dafür beten, in christusähnlicher Liebe zu wachsen? Führen Sie so viele Gründe an wie möglich.

2. Lesen Sie zuerst Epheser 3,14-19, bevor Sie diese Frage beantworten. Warum betont der Autor die enorme Bedeutung von Epheser 3,18-19 für das Wachstum in der Liebe?

3. Nennen Sie so viele Gründe wie möglich, warum Christen niemals aufhören sollten, in der Liebe zu wachsen.

4. Maurice Roberts schreibt: »Die besten Gläubigen haben den Eindruck, nur langsame, schwache Fortschritte [in der Liebe] zu machen.« Warum ist es so schwer, in unserer Liebe zu Gott und unserem Nächsten zu wachsen?

5. Alexander Strauch sagt: »Diese vom Heiligen Geist inspirierten Gebete (1Thes 3,12; Phil 1,9; Jud 2) sind wunderbare Vorbilder für unsere Gebete für uns selbst und andere.« Wie würden Sie diese biblischen Gebete mit eigenen Worten wiedergeben, um für sich selbst, Ihre Familie, Ihre örtliche Gemeinde und Ihre Missionare zu beten? Wie würden Sie Epheser 3,18-19 umformulieren, um es Ihrer Situation anzupassen?

6. Sie haben die fünfzehn Merkmale der Liebe in 1. Korinther 13,4-7 gelesen. Welche beiden negativen Aussagen können Beziehungen in der Gemeinde am meisten schaden?

7. Welche zwei Merkmale der Liebe könnten Ihnen am hilfreichsten sein, um Ihre Liebe und Ihren Charakter zu verbessern? Erklären Sie Ihre Entscheidung.

8. Warum sind familiäre Beziehungen das beste Versuchsfeld, um sich in christusähnlicher Liebe zu üben? Nennen Sie wenigstens drei Gründe.

9. Um die Liebe zu pflegen, ist es wichtig, Hebräer 10,24-25 zu verstehen. Lesen Sie diese Verse in der Bibel und beantworten Sie anschließend die folgenden Fragen.

a. Was bedeutet das Wort »*achthaben*«? Nennen Sie Synonyme. Ziehen Sie Bibelkommentare oder ein Wörterbuch zur Hilfe heran.

b. Was bedeutet der Ausdruck »*anreizen*«? Nennen Sie Synonyme.

c. Wer soll »*achthaben*« und »*anreizen*«?

d. Warum verhindert ein nachlässiger, unregelmäßiger Gemeindebesuch das Wachstum in der Liebe?

e. Inwiefern dient das gemeinsame Leben in der örtlichen Gemeinde zur Prüfung und zum Aufbau christusähnlicher Liebe?

f. Nennen Sie eine praktische Möglichkeit, die eine andere Person zum Wachstum in der Liebe anspornen kann.

10. Führen Sie einige wichtige Bibelstellen an, die zeigen, dass jeder Einzelne, nicht nur die Ältesten, in der örtlichen Gemeinde verantwortlich dafür ist, die Gemeinde in Liebe aufzuerbauen. (Eine Liste von Bibelstellen findet sich in den Fußnoten 32 bis 34 in Teil II.) Welche der aufgeführten Stellen überzeugt Sie am meisten? Erklären Sie Ihre Antwort.

11. Erklären Sie, wie sich christliche Liebe von natürlicher, menschlicher Liebe unterscheidet, die alle Menschen

zu Freunden und Verwandten haben. Warum ist es so überaus wichtig, den Unterschied zu verstehen?

12. Warum ist die Lehre über die göttlichen Prinzipien der Liebe nötig, will man Einstellung, Verhalten und Handeln einer Gemeinde verändern?

Einheit 4

»Sei ein Vorbild in der Liebe« und »Beschütze die Liebe«

1. Warum war es Paulus so wichtig, seinen Neubekehrten ein Vorbild in christlicher Lebensführung zu sein? (Hilfe finden Sie in 1Kor 4,16-17; 11,1; Phil 3,1-18; 2Thes 3,7-10.)

2. König David ist ein biblisches Vorbild für Liebe zu Gott. Was tat David, um seine völlige Liebe zu Gott ausdrücklich zu zeigen? Nennen Sie mehrere seiner Taten, die seine Liebe zu Gott zum Ausdruck bringen.

3. Was tat David, was auch Sie tun können, um deutlich zu machen, dass die Liebe zu Gott Priorität in Ihrem Leben und Dienst hat? Überlegen Sie sich spezifische und praktische Antworten.

4. Warum sind Biographien von Christen hilfreich, um Menschen zum Wachstum in der Liebe herauszufordern? Haben Sie eine christliche Biographie gelesen, die Sie zum Wachstum in der Liebe anspornte? Stellen Sie sie in Ihrem Bibelkreis vor.

5. Warum ist es wichtig, dass Gemeindeälteste ein Vorbild in der Liebe sind? Führen Sie mehrere Gründe an.

6. Welche speziellen Dinge können Älteste tun, um einen liebevollen Geist in der Gemeinde zu fördern?

7. Was können Sie persönlich tun, ob Sie nun Leitungsverantwortung haben oder nicht, um Einfluss auf eine liebevolle Atmosphäre in Ihrer Gemeinde zu nehmen? Nennen Sie konkrete Möglichkeiten.

8. Warum können Eltern und Großeltern ihre Kinder mehr als andere Personen darin prägen, Gott und Menschen zu lieben?

9. Jesus sagte seinen Jüngern: »*Bleibt in meiner Liebe!*« (Joh 15,9-10). Wie bleiben wir ganz praktisch in der Liebe Jesu? Lesen Sie die Stelle im Johannes-Evangelium, bevor Sie die Frage beantworten.

10. Lesen Sie zuerst Lukas 10,38-42, bevor Sie die nächsten Fragen beantworten. In welcher Hinsicht sind wir alle wie Marta?

11. Was meinte Jesus damit, dass im Leben »*eins aber nötig ist*«? Was ist das »*gute Teil*«, von dem Jesus sagt, dass es Maria nicht genommen wird?

12. Wie zeigte Maria ihre Liebe zu Jesus? Führen Sie so viele Punkte an wie möglich.

13. Welche praktischen Maßnahmen können Sie gegen das »Marta-Syndrom« ergreifen (zu viel Beschäftigung und falsche Prioritäten)?

Einheit 5

»Beschütze die Liebe« und »Praktiziere Liebe«

1. Führen Sie einige Feinde Ihrer Liebesbeziehung zu Jesus Christus auf, vor denen Sie sich jederzeit hüten müssen. Fallen Ihnen Bibelstellen ein, die Ihnen helfen, diese Liebestöter zu identifizieren?

2. Welche praktischen Maßnahmen können Sie ergreifen, um Ihre Liebesbeziehung zu Jesus Christus zu schützen? Welche davon ist Ihnen persönlich am wichtigsten?

3. Was meinte Oswald Chambers, als er sagte, dass wir »dem alles andere unterordnen« müssen?

4. Was hält Sie am meisten davon ab, Menschen so zu lieben, wie Sie es sollten? Wie können Sie das Problem lösen?

5. Wenn Sie Ihre Liebe zu Menschen erkalten sehen, was können Sie tun, um die Nächstenliebe neu in Ihnen zu entfachen?

6. Was meinte Jerry Bridges damit, »dass wir uns täglich selbst das Evangelium predigen sollten«? Welchen Nutzen könnten Sie daraus ziehen? (Siehe Fußnote 53 in Teil II.)

7. Welche Probleme erzeugen wir in der örtlichen Gemeinde, wenn wir nur über Liebe reden, ohne den biblischen Liebesgeboten in der Praxis nachzukommen? Führen Sie so viele Probleme auf wie möglich.

8. Was meinte James Denny, als er Arbeitsamkeit ein

»Kennzeichen der Liebe« nannte? (Siehe Anmerkung 55 in Teil II.)

9. Lesen Sie Römer 12,9-21, bevor Sie diese Frage beantworten. Nennen Sie unter Zuhilfenahme von Römer 12,9-21 fünf Handlungen oder Haltungen echter Liebe. Welche beiden werden am dringendsten benötigt, um Ihre Gemeinde zu einer liebevolleren, fürsorglicheren Gemeinschaft zu machen?

10. Was meinte Alexander Ross mit seiner Aussage: »Liebe ist kein Gefühl, das wir hin und wieder zum Ausdruck bringen, wenn uns danach ist«?

11. Erklären Sie, wie Gehorsam gegenüber den Liebesgeboten Jesu zum Wachstum in der Liebe führt. Erklären Sie, wie Ungehorsam gegenüber den Liebesgeboten Jesu zum Schwinden der Liebe führt.

12. Erklären Sie kurz die unten stehenden Verse und filtern Sie den gemeinsamen Gedanken heraus, der den Gehorsam gegenüber den Liebesgeboten Jesu Christi ermöglicht.

Römer 5,5
Römer 15,30
Galater 5,22

13. Was würden Sie einem Menschen sagen, der dieses Buch benutzt, um andere Gläubige zu kritisieren und mangelnder Liebe anzuklagen?

Anhang: Bibelstellen über die Liebe

Lesen Sie jede Einzelne dieser fünfzig Bibelstellen sorgfältig durch und denken Sie darüber nach. Sie können die Verse auch in Ihrer Bibel nachschlagen und jeden in seinem vollständigen Kontext lesen. Lassen Sie sich Zeit! Machen Sie sich die Worte des Psalmisten zu eigen:

»Wie liebe ich dein Gesetz! Es ist mein Nachdenken den ganzen Tag« (Ps 119,97).

1. *»Du … sollst deinen Nächsten lieben wie dich selbst«* (3Mo 19,18).
2. *»Und du sollst den* HERRN, *deinen Gott, lieben mit deinem ganzen Herzen und mit deiner ganzen Seele und mit deiner ganzen Kraft«* (5Mo 6,5).
3. *»Nicht weil ihr mehr wäret als alle Völker, hat der* HERR *sich euch zugeneigt und euch erwählt … sondern wegen der Liebe des* HERRN *zu euch, und weil er den Eid hielt, den er euren Vätern geschworen«* (5Mo 7,7-8).
4. *»Und er wird dich lieben und dich segnen«* (5Mo 7,13).
5. *»Doch nur deinen Vätern hat der* HERR *sich zugeneigt, sie zu lieben. Und er hat ihre Nachkommen nach ihnen, nämlich euch, aus allen Völkern erwählt«* (5Mo 10,15).
6. *»Doch mögen sich freuen alle, die sich bei dir* [Gott] *bergen, und jubeln allezeit. Du beschirmst sie, darum frohlocken in dir, die deinen Namen lieben«* (Ps 5,12).
7. *»Liebet den* HERRN, *alle seine Frommen!«* (Ps 31,24).
8. *»In seiner Liebe und in seinem Erbarmen hat er sie erlöst«* (Jes 63,9).
9. *»Ja, mit ewiger Liebe habe ich dich geliebt; darum habe ich dir meine Güte bewahrt«* (Jer 31,3).

10. »Und der HERR sprach zu mir [Hosea]*: Geh noch einmal, liebe eine Frau* [Gomer]*, die sich von einem anderen lieben lässt und Ehebruch treibt, wie der HERR die Söhne Israel liebt, die sich aber anderen Göttern zuwenden«* (Hos 3,1).
11. *»Ich will ihre Abtrünnigkeit heilen, will sie* [Israel] *aus freiem Antrieb lieben«* (Hos 14,5).
12. *»Liebt eure Feinde«* (Mt 5,44).
13. *»Du sollst den Herrn, deinen Gott, lieben mit deinem ganzen Herzen … Dies ist das größte und erste Gebot. Das zweite aber ist ihm gleich: Du sollst deinen Nächsten lieben wie dich selbst. An diesen zwei Geboten hängt das ganze Gesetz und die Propheten«* (Mt 22,37-40).
14. *»Denn so hat Gott die Welt geliebt, dass er seinen eingeborenen Sohn gab«* (Joh 3,16).
15. *»Der Vater liebt den Sohn«* (Joh 3,35).
16. *»Wenn ihr mich liebt, so werdet ihr meine Gebote halten«* (Joh 14,15).
17. »*Ich* [der Sohn] *liebe den Vater«* (Joh 14,31).
18. *»Wenn ihr meine Gebote haltet, so werdet ihr in meiner Liebe bleiben, wie ich die Gebote meines Vaters gehalten habe und in seiner Liebe bleibe«* (Joh 15,10).
19. *»Wie der Vater mich geliebt hat, habe auch ich euch geliebt. Bleibt in meiner Liebe!«* (Joh 15,9).
20. *»Wer wird uns scheiden von der Liebe Christi? …* [kein] *anderes Geschöpf wird uns scheiden können von der Liebe Gottes, die in Christus Jesus ist, unserem Herrn«* (Röm 8,35.39).
21. *»Die Liebe sei ungeheuchelt!«* (Röm 12,9).
22. *»Seid niemand irgendetwas schuldig, als nur einander zu lieben!*« (Röm 13,8).
23. *»So ist nun die Liebe die Erfüllung des Gesetzes«* (Röm 13,10).
24. *»Die Erkenntnis bläht auf, die Liebe aber erbaut«* (1Kor 8,1).

25. *»Und einen noch weit vortrefflicheren Weg* [der Liebe] *zeige ich euch«* (1Kor 12,31).
26. *»Und wenn ich … alle Geheimnisse und alle Erkenntnis weiß … aber keine Liebe habe, so bin ich nichts«* (1Kor 13,2).
27. *»Die größte aber von diesen ist die Liebe«* (1Kor 13,13).
28. *»Strebt nach der Liebe!«* (1Kor 14,1).
29. *»Alles bei euch geschehe in Liebe!«* (1Kor 16,14).
30. *»Denn die Liebe Christi drängt uns«* (2Kor 5,14).
31. *»Die Frucht des Geistes aber ist: Liebe«* (Gal 5,22).
32. *»Gott aber … hat um seiner vielen Liebe willen, womit er uns geliebt hat, auch uns … mit dem Christus lebendig gemacht«* (Eph 2,4-5).
33. *»Zu erkennen die die Erkenntnis übersteigende Liebe des Christus«* (Eph 3,19).
34. *»Und wandelt in Liebe, wie auch der Christus uns geliebt und sich selbst für uns hingegeben hat«* (Eph 5,2).
35. *»Und um dieses bete ich, dass eure Liebe noch mehr und mehr überreich werde«* (Phil 1,9).
36. *»Zu diesem allen aber zieht die Liebe an, die das Band der Vollkommenheit ist!«* (Kol 3,14).
37. *»Euch aber lasse der Herr zunehmen und überreich werden in der Liebe zueinander und zu allen«* (1Thes 3,12).
38. *»Das Endziel der Weisung aber ist Liebe«* (1Tim 1,5).
39. *»Lasst uns aufeinander achthaben, um uns zur Liebe und zu guten Werken anzureizen«* (Hebr 10,24).
40. *»So liebt einander anhaltend, aus reinem Herzen!«* (1Petr 1,22).
41. *»Vor allen Dingen aber habt untereinander eine anhaltende Liebe! Denn die Liebe bedeckt eine Menge von Sünden«* (1Petr 4,8).
42. *»Wer nicht liebt, bleibt im Tod.«* (1Jo 3,14).
43. *»Hieran haben wir die Liebe erkannt, dass er für uns sein Leben hingegeben hat«* (1Jo 3,16).
44. *»Lasst uns nicht lieben mit Worten noch mit der Zunge, sondern in Tat und Wahrheit!«* (1Jo 3,18).

45. *»Geliebte, lasst uns einander lieben! Denn die Liebe ist aus Gott; und jeder, der liebt, ist aus Gott geboren und erkennt Gott«* (1Jo 4,7).
46. *»Gott ist Liebe«* (1Jo 4,8).
47. *»Hierin ist die Liebe: nicht dass wir Gott geliebt haben, sondern dass er uns geliebt und seinen Sohn gesandt hat als eine Sühnung für unsere Sünden«* (1Jo 4,10).
48. *»Wir lieben, weil er uns zuerst geliebt hat«* (1Jo 4,19).
49. *»Erhaltet euch in der Liebe Gottes«* (Jud 21).
50. *»Dem* [Jesus], *der uns liebt und uns von unseren Sünden erlöst hat durch sein Blut«* (Offb 1,5).

Personenregister

Bibelstellenverzeichnis

Römer

1. Korinther

2. Korinther

Galater

Epheser

1. Petrus

1. Johannes

2. Johannes

Judas

Offenbarung

Über den Autor

In den vergangenen vierzig Jahren diente Alexander Strauch als lehrender Ältester in der *Littleton Bible Chapel* in Colorado. Zusätzlich lehrte er Philosophie und neutestamentliche Literatur an der christlichen Universität von Colorado. Als begabter Bibellehrer und gefragter Redner war Alexander Strauch vielen Gemeinden weltweit von großem Nutzen, nicht zuletzt durch seine Bibelauslegung und seinen Predigtdienst. Er ist der Autor von mehr als einem Dutzend Büchern, einschließlich *Biblische Ältestenschaft*, von dem über 25.000 Exemplare verkauft wurden. Seine Bücher wurden in mehr als zwanzig Sprachen übersetzt.

Alexander und seine Frau Marilyn leben in Littleton, Colorado, in der Nähe ihrer vier erwachsenen Töchter und acht Enkelkinder.

Danksagung

Zur Entstehung dieses Buches haben viele Freunde beigetragen, die den Herrn und seine Gemeinde lieben.

Ich möchte Douglas VanSchooneveld für seine hilfreichen Vorschläge und für seine Zeit danken, die er für Quellenrecherchen und Bestätigung von Zitaten und Fußnoten aufgewandt hat. Seine Leidenschaft für das Thema christliche Liebe ist noch größer als meine.

Mein besonderer Dank gilt meinen beiden Lektorinnen Amanda Sorenson und Shannon Wingrove. Es ist eine Freude, mit ihnen zusammenzuarbeiten; ihre kreativen Ratschläge habe ich sehr geschätzt. Für das Abtippen der Manuskripte und ihre hilfreichen Anregungen geht mein Dank an Paul und Laura Lundgren.

Zudem möchte ich mich bedanken bei: Barbara Peek, die das fertige Manuskript Korrektur gelesen hat; Jani

Bennett für den Schriftsatz des Buches; David McLeod für die Überprüfung der Fußnoten; und Jay Brady für seine Unterstützung in vielen praktischen Dingen.

Danken möchte ich auch Danny und Paola Pasquale, die in ihrem Italienurlaub weder Zeit noch Mühen gescheut haben, alle Fragen in Teil III des Buches durchzuarbeiteten.

Und wie immer gilt meine besondere Wertschätzung Marilyn, meiner liebevollen Frau und Hauptstütze in meinem Leben und Dienst.

All meinen geschätzten Freunden, Mitarbeitern und den Lesern dieses Buches möchte ich sagen:

»*Die Gnade sei mit all denen, die unseren Herrn Jesus Christus lieben in Unvergänglichkeit!.*«
(Eph 6,24)

Buchempfehlung

Alexander Strauch
Mit Liebe leiten
Geb., 256 Seiten

Best.-Nr. 273.563
€ (D) 13,90
€ (A) 14,30
SFR 25,40
ISBN 978-3-89436-563-9

Dieses Buch gibt allen, die Menschen leiten und führen, ein klares Verständnis darüber, was die Bibel über die Liebe lehrt. Das zu verstehen, ist für Leitungsaufgaben – in Gemeinde, Familie oder Beruf – von großer Wichtigkeit. Dieses Buch wird Ihnen helfen, diesen Dienst mit noch mehr Liebe auszuüben.

Christliche Verlagsgesellschaft mbH
Kompetent. Profiliert. Engagiert.